Conversions

au XIXe siècle.

Conversions au XIXe siècle,

par J. M. A., Missionnaire apostolique.

ILLUSTRÉES DE NOMBREUSES GRAVURES.

Société Saint-Augustin,

DESCLÉE, DE BROUWER et Cie.

LILLE, rue du Metz, 41, LILLE. 1891.

PRÉFACE.

L'*Apologie de la Religion par les faits nous a toujours semblé la meilleure prédication.*

Telle est sa fécondité qu'il n'est pas une génération à laquelle elle n'ait montré des exemples et des modèles nouveaux.

Le siècle où nous vivons aurait pu être l'un des plus déshérités, car il a plus que d'autres dissipé ses trésors. Enfant prodigue, il a demandé avec arrogance de consumer à son gré sa part de substance loin du Père de famille. Cependant DIEU *ne lui a pas refusé les moyens providentiels qu'il emploie d'ordinaire pour convertir ses enfants ingrats.*

Il a dit aux uns : « Regarde et admire. Où trouveras-tu ailleurs que dans la Foi catholique de quoi satisfaire ta raison et ton cœur ? Quelle majesté, quel éclat dans ses mystères ! Quelle suite et quel enchaînement dans toute sa doctrine ! Quelle raison éminente, quelle candeur, quelle innocence de mœurs ! Quelle force invincible et accablante de témoignages rendus successivement, et pendant trois siècles entiers, par des millions de personnes, les plus sages, les plus modérées qui fussent alors sur la terre, et que le sentiment d'une même vérité soutient dans l'exil, dans les fers, contre la vue de la mort et du dernier supplice !...Prends l'histoire, ouvre, remonte jusqu'au commencement du monde : y a-t-il rien de semblable dans

tous les temps ? Où trouveras-tu quelque chose, je ne dis
pas de meilleur, mais qui l'égale ? »

   Il a dit à d'autres : « La Religion est vraie ou elle
est fausse. Si elle est fausse, voilà vingt ans, trente ans,
soixante ans perdus, si l'on veut, pour l'homme de bien,
pour le Chartreux, pour la Sœur de Charité ; ils ne cou-
rent pas un autre risque. Mais si elle vraie, quel épou-
vantable malheur pour l'homme vicieux ! L'idée seule des
maux qu'il se prépare trouble l'imagination. La pensée de
l'homme est trop faible pour les concevoir, et sa parole
trop vaine pour les exprimer. »

   Il dit à tous : « Contemplez le crucifix : croyez, espérez
et aimez ! »

   Et les plus grands génies, dans tous les siècles comme
dans le nôtre, sont venus s'incliner devant la Croix.

   C'est l'honneur de la Religion catholique de faire des
conversions. L'hérésie ne fait que des apostats. On connaît
le mot de Luther : « Lorsque le Pape sarcle son jardin,
il me jette les mauvaises herbes par-dessus le mur. »

   Les faits de l'histoire ont toujours confirmé cette loi.
— Qui passe à l'hérésie ? — La lie des catholiques. —
Qui rentre dans le giron de l'Église ? — Les meilleurs
des protestants.

   A-t-on jamais vu un bon catholique renoncer à sa foi
au moment de paraître devant Dieu *? — Non.*

   Mais tous les jours nous voyons des hérétiques et des

incrédules renoncer à leurs erreurs avant d'entrer dans l'éternité.

Ce seul fait suffirait pour montrer aux âmes de bonne foi où est la vérité.

Passer de la vérité à l'erreur, c'est apostasier.

Passer de l'erreur à la vérité, c'est se convertir.

Observons que le mot apostasie *signifie abandon, trahison de la justice et de la vérité. L'hérésie n'étant ni la justice ni la vérité, ceux qui l'abandonnent pour s'élever jusqu'au catholicisme ne sont ni des apostats ni des renégats, mais des* convertis.

La conversion vient du Ciel, l'apostasie de l'enfer.

La conversion procède de l'illumination surnaturelle de l'intelligence, de l'énergie d'une volonté droite excitée par la grâce, éprise de l'amour du vrai et du bien.

Les apostasies qui viennent désoler l'Église ont toujours leur source dans quelque penchant ou quelque vice injustifiable aux yeux de la conscience : la cupidité, l'orgueil, les basses voluptés. — C'est l'histoire de Judas, de Luther, d'Henri VIII et de tant d'autres moins illustres, mais non moins pervertis.

Tout autre est la vie de nos convertis. Pour ne citer que des noms connus de tous, le comte de Stolberg, Haller, Hurter, Genoude, Droz, Bautain, Lacordaire, les frères Ratisbonne, Goschler, le comte Schouvaloff, Spencer, La Ferronnays, Herman, Newman, Faber,

Bradley, Silvio Pellico, Louis Veuillot, Donoso Cortès, etc., sans parler de ceux qui vivent encore, n'ont-ils pas édifié l'Église autant par leurs écrits que par leurs exemples et leurs vertus ?

Ils ont vu, ils ont cru, ils ont espéré, ils ont aimé.

Nous avons recueilli dans ce livre quelques-unes des conversions les plus marquantes de notre temps, avec l'espoir que ces retours glorieux serviront à affermir dans leur foi ceux qui croient, et à dissiper les ténèbres de ceux qui vivent dans la nuit glaciale de l'erreur.

Daigne JÉSUS, *qui est la bonté même, et qui a voulu être appelé* l'ami des pécheurs, *attirer sur son Cœur très aimable et très aimant tous ceux qui liront ces quelques pages ! C'est l'unique vœu de l'auteur.*

FRÉDÉRIC SOULIÉ.

(1800 – 1847.)

Rédéric Soulié est né à Foix en 1800. Il fut un poète dramatique et un des romanciers les plus célèbres de notre époque.

Élevé en dehors de tout principe religieux, n'ayant jamais appris un mot de prière, le malheureux écrivain ne pensait pas à son âme.

La grâce cependant l'attendait à la fin de sa vie.

Étant tombé malade dans sa campagne, près de Paris, une Sœur de Bon-Secours fut appelée pour le soigner.

Frédéric Soulié, avec la légèreté qui lui était habituelle, faisait des plaisanteries sur l'habit de la Sœur et sur les pratiques pieuses qu'elle accomplissait avec ponctualité. Celle-ci n'en continuait pas moins de l'assister, de prier et de se taire.

Un soir, il vint en tête du malade de parler religion avec son infirmière. Il lui dit entre autres choses :

« — Êtes-vous bien persuadée de votre religion ?

» — Croyez-vous, répondit la Sœur, que si je ne l'étais pas je serais ici à sacrifier pour vous ma liberté ? »

Cette calme et digne réplique fut un éclair pour l'incrédule.

Une autre fois, la Sœur était agenouillée au pied du lit de son malade et récitait pieusement le Rosaire. Des larmes se formaient sous ses paupières et roulaient sur ses joues.

Frédéric Soulié lève la tête.

« — Que dites-vous donc ainsi, ma Sœur ? *Notre Père, qui êtes aux Cieux*, etc. Que cela est beau ! Redites-le donc encore... »

Et la Sœur de recommencer.

« — C'est magnifique !... Je veux l'apprendre avec vous... »

Et comme un enfant l'apprend des lèvres de sa mère, ainsi Frédéric Soulié apprit mot par mot l'Oraison dominicale des lèvres de cet ange de charité, dont la prière avait touché le Cœur de Dieu.

Cet homme qui avait blasphémé, qui avait cherché à entraver le règne de Dieu sur la terre, répétait avec attendrissement : *Notre Père... Que votre nom soit sanctifié !... Que votre règne arrive !...*

Frédéric Soulié.

La Sœur en prit occasion de lui parler de son âme et des sacrements.

Le malade accueillit docilement ses conseils, il se convertit avec sincérité et reçut les sacrements de l'Église.

Il fit plus : il exhorta à suivre son exemple une pauvre

jeune fille qu'il avait pervertie. En effet, elle changea de conduite et se retira dans un monastère.

Quant à Frédéric Soulié, il mourut dans la paix du repentir, en murmurant ces fortifiantes paroles :

*Notre Père... pardonnez-nous nos péchés... délivrez-nous du
mal. Ainsi soit-il !*

JOSEPH DROZ.

(1773 - 1850.)

Joseph Droz, de l'Académie Française, naquit à Besançon d'une famille de magistrats.

Voici, dans quelques-unes de ses paroles, comme un résumé de sa vie :

« Dans ma jeunesse, je cherchais les sites riants ; ils plaisaient à mes yeux, à mon imagination... Alors, si j'apercevais une croix sur le haut d'une colline ou sur le bord du sentier par lequel j'allais passer, je détournais mes regards : « Pour- » quoi, disais-je, attrister par un instrument de supplice ces » lieux que le Créateur s'est plu à rendre heureux ?... » Un sentiment de répulsion m'agitait.

» Le signe de la Rédemption produisit en moi une émotion toute nouvelle lorsque, dans un port de mer, je vis la croix gigantesque élevée près du phare. « Oh ! me dis-je, ici, » au bord des écueils, en face des tempêtes, que ce signe » d'espérance est bien placé ! Les matelots luttant contre les » flots l'aperçoivent de loin et l'invoquent, tandis que leurs » femmes l'entourent en faisant retentir la grève de cris » et de prières ! »

» Quand je revis nos campagnes charmantes, un souvenir des tempêtes s'offrit à ma pensée : « Ces lieux sont riants, » me dis-je ; mais ceux qui les habitent n'ont-ils jamais de » douleurs à supporter ou à craindre ? Quel séjour terrestre » est exempt d'orages ? Croix du Rédempteur, bénie soit la » main qui t'élève partout où peut passer un affligé ! »

Telles sont les trois phases de la vie de Droz : il voudrait que le christianisme le laissât jouir de tout ce qui le séduit ; il est bientôt battu par la tempête ; il bénit la croix du Rédempteur.

Cette vie a été racontée par Louis Veuillot en quelques pages charmantes.

***

« M. Droz, dit l'illustre écrivain, aimait et pratiquait la

vertu dans les larges limites que puisse faire la conscience
humaine abandonnée à ses seules ressources. Pour s'encourager au bien et encourager les autres, il avait trouvé que la
vertu est une excellente spéculation. De cette idée il avait
tiré un livre : *L'essai sur l'art d'être heureux*, œuvre en effet
d'un brave homme, mais qui ne persuadera jamais à personne que le bonheur n'est pas, à lui seul, tout l'art de la
vertu...

» M. Droz n'en était pas si content, de cette vraie, de cette
noble, de cette charmante philosophie. Il ne se disait pas
encore qu'elle est incapable de donner au monde une Sœur
de Charité, mais il s'avouait que la très petite dose de morale
nécessaire pour la pratiquer n'avait point de bases certaines
dans son cœur. La lumière qu'il suivait avec peine et labeur
paraissait à sa sincérité entourée de trop d'ombres pour
diriger des hommes moins heureux ou moins apaisés que
lui.

» Tout bienveillant et tout bon qu'il fût, soit qu'il écoutât
ses amis, soit qu'il s'écoutât lui-même, il connaissait que le
moraliste est ce personnage des contes des fées, de la bouche duquel sortent, toutes les fois qu'il parle, des diamants
et des vipères, les vipères en plus grand nombre que les diamants !

» Il ne ferma pas lâchement les yeux devant ce phéno-
mène. Il avait écrit et imprimé : il se mit à réfléchir.

» Le résultat de ses réflexions fut que la morale humaine,
à quelque source pure qu'on ait soin de la puiser, non seulement « ne peut rien pour améliorer les masses d'hommes, »
mais encore échoue sur le petit nombre des esprits éclairés
qui la cultivent.

» Voilà sa première découverte. Ce sage de profession, ce
docteur mis sur le chandelier pour répandre la lumière, n'y
voyait plus.

**

» Il souffrait dans ses ténèbres, il en voulait sortir ; mais
tantôt la force, tantôt le courage lui manquait.

» Lorsque l'esprit s'est donné une certaine culture, il n y a plus d'ignorance religieuse sans quelque misérable effroi de la vérité.

» La vérité lui faisait peur. Il n'avait de croyance en Dieu que ce qu'il en faut pour n'être pas athée : un déisme radicalement incrédule à toute révélation. Sa raison, encore sous le joug des fausses doctrines dont elle pressentait le néant, se donnait pour prétexte que le catholicisme le réduisait à de trop humiliantes soumissions ; elle flottait épouvantée sur le bord de deux abîmes :

« Je niais, dit-il, l'efficacité de tous les moyens offerts pour » améliorer les hommes. Ces deux idées : *La philosophie est* » *impuissante, La religion est fausse,* m'étaient sans cesse pré- » sentes et portaient le découragement jusqu'au fond de » mon âme ; et, dans quelques moments, je me flattais d'y » réussir. »

» O prodige de la philosophie ! Voilà un philosophe de cinquante ans qui s'exerce à ne plus penser !... Il se raffermit, il ne cessa ni de penser ni de chercher ; il relut l'Évangile, il pria ; vains efforts ! L'Évangile n'était encore à ses yeux que le plus beau des traités de morale, sa prière retombait inféconde sur lui. Il l'adressait au Dieu inconnu, elle n'était pas accueillie du Dieu qui s'est montré sur la croix pour être appelé par son nom.

⁎

» Enfin pourtant, un jour, comme le pauvre moraliste, entièrement abattu, délibérait de se recoucher pour retrouver la paix dans l'incrédulité, cette fosse des vivants, Dieu, qui voit les cœurs, eut pitié de ses bons désirs et de sa faiblesse. Il lui envoya une pensée dont le bel orgueil de la science l'avait écarté jusqu'à ce moment. Il dit à cet aveugle : « Va questionner un prêtre. »

» M. Droz passa la nuit sans sommeil, triompha d'une dernière hésitation, vit le prêtre et fut chrétien ; non pas chrétien de littérature et de maximes, mais chrétien tout à fait, dans sa vie privée et publique, et plus ouvertement même que ne semblait le permettre son caractère mesuré.

» Il ne voulut pas que l'on pût attribuer sa conversion aux douleurs et aux revers ordinaires de la vie humaine, ni aux apaisements naturels de l'esprit, ni aux appréhensions de la mort. Il était un converti de l'étude et de la grâce, il lui plut qu'on le sût bien.

> » Allons aux yeux des hommes
> » Braver l'idolâtrie et montrer qui nous sommes.

» A soixante-dix ans, navré de cette vérité cherchée si longtemps, trop tard connue, trop tard aimée avec un renouvellement de jeunesse, et cependant plus grave que jamais, il écrivit, il publia ces deux petits livres qui sauvaient son nom de l'oubli : Les *Pensées sur le christianisme* et les *Aveux d'un philosophe chrétien*. Le dernier, plein d'une grâce, d'une honnêteté indicible, est tout à la fois le récit de sa conversion et la rétractation de ses erreurs.

« Lecteur, dit-il, j'ai longtemps méconnu la vérité, la puis-
» sance et les charmes de la religion du Sauveur... Une lon-
» gue suite d'observations m'a fait reconnaître que la raison
» est souvent un guide incertain de sa route ; j'ai appris où
» se trouve *ce que la philosophie sera toujours impuissante à*
» *donner*, et je vis s'évanouir les préjugés qui semblaient être
» innés en moi. »

***

Droz alla revoir le prêtre dont DIEU s'était servi pour le ramener à la vérité.

« Je lui annonçai, raconte-t-il, que mes doutes étaient entièrement dissipés. Il m'interrompit : « Remercions DIEU,
» dit-il ; vous l'avez prié avec confiance de vous éclairer, et
» sa bonté vous a exaucé. »

» Les idées qu'il me développa dans la suite de notre conversation peuvent se résumer en ces mots :

« N'oublions jamais que DIEU est l'auteur de tout bien.

» Les convictions formées par le seul raisonnement seraient
» à peine des croyances. Ce seraient des opinions variables
» comme la raison qui les aurait produites ; ainsi l'âme,
» pour s'élever à l'immuable christianisme, a besoin des
» dons célestes, la grâce, la foi. Les incrédules jugent ces
» paroles superstitieuses ; plaignons-les d'ignorer les relations
» du Ciel avec la terre. DIEU, pour notre bonheur, a voulu
» sans cesse nous rappeler le besoin que nous avons de lui
» et la puissance qu'il exerce sur nous ; ce n'est pas unique-
» ment en religion, c'est en tout qu'il se réserve d'accorder
» ou de refuser des dons précieux. L'homme, par lui-même,
» ne pourrait subvenir à sa vie matérielle ; il cultive, sa main
» conduit la charrue ; mais il faut que DIEU daigne envoyer
» des pluies bienfaisantes qui fassent germer les grains, et
» que son soleil dore nos moissons. Le travail ne suffit pas
» à la vie physique, le raisonnement ne suffirait pas à la
» vie morale. »

AUGUSTE MARCEAU,

❖ Capitaine de frégate. (1806-1851.) ❖

Aux portes de Coblentz, dans la Prusse Rhénane, se dressait une pyramide funèbre. Sur l'une des faces on lisait : *L'armée de Sambre-et-Meuse à son brave général Marceau.* L'autre face portait cette inscription : CI-GIT MARCEAU, *soldat à 16 ans, général à 22, mort en combattant pour son pays (1796).* Sur la quatrième face on lisait quelques paroles d'hommage de l'archiduc Charles et des généraux allemands au jeune héros, dont ils voulurent célébrer les funérailles avec l'armée française. L'arc de triomphe de l'Étoile, à Paris, reproduit cette scène entre les batailles d'Arcole et d'Austerlitz.

Auguste Marceau était le neveu et l'unique héritier de ce jeune général, célèbre dans les annales de la gloire humaine. Il était né le 1er mai 1806, dans la ville de Châteaudun, dont son père était sous-préfet. Par sa mère, il tenait à la plus vieille noblesse de France.

« Cette union de deux temps se retrouvait dans son caractère. A la distinction chevaleresque d'autrefois se joignait, en effet, chez lui, cette sève d'imagination et d'activité qui travaille nos époques modernes. »

Il recueillit malheureusement l'héritage d'incrédulité qu'a légué le dix-huitième siècle au siècle qui l'a suivi. Cette déplorable situation d'esprit résulta surtout, disait-il, de l'éducation qu'il reçut au sein des écoles de l'État.

« J'ai eu tant à souffrir, — écrira-t-il, — lorsque j'étais loin de DIEU, que rien ne me touche plus que le sort des enfants. Victime de l'ancien ordre de choses, que quelques-uns voudraient maintenir, j'espère que DIEU aura raison de ces rhéteurs et de ces habiles, pour le bonheur d'un âge qui mérite tant de respect et de compassion. »

Brillant élève de l'école polytechnique, Auguste Marceau s'était allié, avec le futur général de Lamoricière, d'une de ces amitiés qui, une fois formées, ne se brisent plus. Chez l'un et chez l'autre, on remarquait plus d'un trait semblable, c'était, à quelques nuances près, la même activité d'esprit, la même énergie, la même promptitude d'intelligence ; c'était le même entrain d'action et de pensée dans toutes les habitudes.

✻

A 23 ans, Marceau était décoré de la Légion d'honneur pour un brillant fait d'armes dans l'expédition de Madagascar en 1829.

Il avait donné des preuves éclatantes de son courageux sang-froid. Le machiniste du *Minos*, qu'il commandait, s'étant laissé aller au sommeil, l'eau manqua et la chaudière rougit. On court au commandant. Il ordonne au machiniste de descendre... Épouvanté du péril, celui-ci hésite... Marceau tire son pistolet, le lui met à la gorge, descend avec lui... En un clin d'œil il a vu le danger et le remède... Un instant de retard, et un accident terrible avait lieu !

Marceau était né pour les entreprises ardues, pour les luttes difficiles. En temps de guerre, il eût rappelé son oncle ; en temps de paix, tout devenait pour lui un objet de lutte ; la vitesse de son navire, la tenue de son équipage, la précision de ses manœuvres. Ceux qui l'ont vu après quelques-uns des triomphes de ce genre, qu'il remporta plus d'une fois dans ses longues courses à travers la Méditerranée, peuvent seuls dire quelle fièvre d'ardeur excitait alors en lui le sentiment de la fierté nationale.

Mais ses brillants succès ne faisaient que nourrir son orgueil. Fin et dédaigneux avec ses supérieurs eux-mêmes, il était dur et intraitable avec son équipage. « Où es-tu ? dira plus tard un matelot à l'un de ses anciens compagnons. — A bord de l'*Arche d'Alliance*. — Quel capitaine ? — Capitaine Marceau. — Ah ! pauvre... que je te plains ! — Oui ; mais M. Marceau d'aujourd'hui n'est plus M. Marceau d'autrefois. » Le matelot répliqua d'un air incrédule : « Il faut alors qu'il ait *terriblement* changé. »

« — Il me gênait, disait un de ses amis, il me blessait sans cesse alors par le sans-façon de sa tenue et de sa con-

duite, par une attitude constamment pleine de hauteur. Je
lui exprimai quelquefois mon étonnement qu'il pût avoir

Vue d'Alger.

des amis. C'est que, malgré tout, on sentait en lui du cœur. »
Quant à la religion, d'indifférent il était promptement

devenu hostile, et, séduit par les mots d'humanité, de phi-
lanthropie, de progrès, que les chefs du saint-simonisme
avaient constamment à la bouche, il fut, pendant dix-huit ans,
un des principaux coryphées de cette secte, et il en prêchait
les doctrines avec exaltation.

Il ne voulait pas même entendre parler de la vraie foi.
Revenant d'Alger, il est abordé, pendant la traversée, par un
ecclésiastique qui, dans un but de zèle, essaie d'amener la
conversation sur le terrain religieux. « Si vous voulez causer
sciences, mathématiques, répond brusquement Marceau, j'y
consens. En fait de religion, moi, j'ai la mienne, gardez la
vôtre. » Et il lui tourne le dos.

Voilà l'homme que la foi avait à subjuguer... Libertinage
plus ou moins secret, ignorance entière en matière de religion, préjugés hostiles, orgueil sans frein fortifié par les
talents et le naturel, caractère indomptable... tel était Marceau en 1840.

*_**

A cette époque il y eut, sous le souffle d'en haut, dans
notre marine française, un travail de rénovation chrétienne
et de zèle actif dont les traces ne se sont jamais effacées
depuis, et qui multiplie encore les conquêtes de la religion
et de la vertu. Marceau, qui devait être le plus ardent apôtre
de cette propagande, en ressentit, un des premiers, les heureux effets.

Nous ne pouvons dire toutes les étapes de cette difficile
conversion. Voici du moins les principales. On verra que « la
Patronne des marins », la Mère des miséricordes, y tient, —
comme de juste, — la plus grande place.

« Raoul du Couëdic, capitaine de frégate, chrétien solide,
était ami de Marceau, — nous dit la lettre d'un autre marin,
M. le commandant le Bobinec, — et il le recommandait sans
cesse à l'Archiconfrérie du Saint-Cœur de MARIE. « Mais
enfin, lui dit le vénérable curé de Notre-Dame des Victoires,
M. Desgenettes, qu'est-ce donc que votre ami Marceau ? —

C'est Satan en personne sur la terre ! Convertissez-le, et vous verrez le bien qui en résultera. »

A quelque temps de là, du Couëdic, étant revenu à Toulon, rencontre son ami. Après les serrements de mains et les préliminaires d'usage, Marceau lui dit d'un air soucieux : « Ça ne va pas aussi bien que de coutume : des idées fatigantes me traversent la tête. Je me prends à me demander ce que nous sommes venus faire sur la terre, ce que sera notre avenir... — Bien ! très bien ! s'écrie du Couëdic : je vois que le bon Père Desgenettes n'a pas oublié mes recommandations à l'Archiconfrérie. » Je vous laisse à deviner la figure de Marceau en voyant la joie de son ami et en l'entendant prononcer les mots de Père Desgenettes et d'Archiconfrérie, qui étaient pour lui plus que de l'hébreu. Son étonnement dut augmenter quand du Couëdic lui souhaita, en le quittant, des tortures encore plus rudes que celles qu'il éprouvait. Sans doute alors le zélé capitaine de frégate, voyant les premiers effets de la grâce, ne manqua pas d'écrire à l'Archiconfrérie pour qu'on redoublât d'instances, afin d'emporter d'assaut cette âme si chère.

Voici comment Marceau lui-même raconte à sa mère l'effet que produisit sur son âme la médaille miraculeuse et la prière à MARIE :

« Tu sais, dit-il, comment, lorsque je revins mourant du Sénégal, on me transporta chez la bonne Mme de Vauguyon, notre parente. Elle eut pour moi les bontés d'une mère, et, me voyant dans un état presque désespéré, elle ajouta la prière aux prescriptions des médecins. Elle me recommandait à toutes les communautés, et, dans son humble et naïve confiance en la Mère de DIEU, elle fit mettre dans mon lit une médaille bénite. Lorsque je fus guéri, et qu'après un congé de six mois je revins lui faire mes adieux et mes remerciements, avant de partir pour l'Orient, elle me remit une médaille de la Sainte Vierge en me priant de la conserver. Je la pris et je la mis au milieu de mes hardes ; elle y est toujours restée et m'a suivi partout. Or, c'est ce souvenir qui s'est offert à moi immédiatement à la première prière que j'ai faite. J'allais de suite au tiroir de mon secrétaire dans lequel elle était ensevelie ; je la mis au cordon de ma montre et je la portai sur moi. Dès ce moment, chose étonnante ! je me suis senti entraîné dans les voies de la religion. »

Un grand pas restait à faire. De sérieuses études, des victoires généreuses sur lui-même avaient préparé le nouveau converti. Enfin, son ami, l'officier de marine, pour en finir avec toute hésitation, le conduisit à un vénérable prêtre, aumônier des bagnes. On prend jour pour le lendemain. Marceau, fidèle au rendez-vous, arrive à l'église indiquée et se met à la suite des femmes qui entourent le confessionnal. Là, à genoux sur le sol, il attend deux heures. Lorsqu'enfin il peut se présenter : « Pourquoi, lui dit l'aumônier, ne m'avez-vous pas fait avertir ? — Mon Père, répond Marceau, il y a dix-huit ans que le bon Dieu m'attend avec patience, je pouvais bien attendre deux heures ; puis, ici il n'y a pas de distinction, chacun à son tour. »

⁎ ⁎

Une fois revenu à Dieu, ce cœur sincère ne s'arrêta plus dans la bonne voie.

Il commença par attaquer de front le respect humain, le foula aux pieds et, du premier coup, le terrassa pour jamais. Se trouvant dans une ville où la religion n'était pas en honneur : « Une des premières recommandations, se dit-il, que des personnes même de piété font dans cette ville aux officiers qui veulent remplir leurs devoirs de chrétien, c'est de venir à l'église avec un costume étranger à leur profession, et on leur facilite tous les moyens de se cacher : *c'est le règne de la peur.* Il faut substituer à cette habitude une coutume contraire.» Et, sans craindre les sarcasmes de ses camarades, il parut dans le lieu saint en uniforme ; là, se mettant genoux sur le sol, au milieu de pauvres femmes, prosterné comme un ange adorateur, profondément recueilli, il passait des heures entières devant le Très-Saint Sacrement.

Peu à peu, d'autres officiers imitèrent Marceau, et les

capitulations de la peur devinrent plus rares. « Ce qui fit promptement disparaître en moi le respect humain, disait-il, ce fut l'usage de la communion fréquente. » Le pain eucharistique, en effet, rend les cœurs vaillants.

Est-il besoin de dire que cette vaillance s'exerçait par-dessus tout dans les victoires glorieuses que Marceau remportait chaque jour sur lui-même ? L'esprit de DIEU, qui le préparait à de grandes choses, lui avait inspiré le dessein arrêté, ferme, irrévocable, de *devenir un saint.*

« J'ai trouvé, — écrira-t-il bientôt à l'un de ses amis, le célèbre M. Dupont de Tours, — un sonnet de l'abbé de Rancé qui finit par ce vers :

> » Vivre sans vivre en saint, c'est vivre en insensé.

» Ce vers me poursuit sans cesse. Ne pas vivre en saint, ne pas consacrer toutes ses pensées, ses paroles et ses actions à la gloire de DIEU, ne pas être l'esclave de ses devoirs, ne pas apporter à l'accomplissement de ses devoirs, même les plus petits, tous les soins que réclament la gloire de DIEU et l'édification du prochain, c'est vivre en insensé ; quelle vie est donc la mienne ! »

* *

La vie nouvelle de Marceau consistera, — il le dit lui-même dans ses notes intimes, — à consacrer « *à l'accomplissement de ses devoirs, même les plus petits, tous les soins que réclame la gloire de Dieu.* »

Nous possédons, en effet, les précieux cahiers où le vaillant marin notait ses victoires ou ses défaites journalières.

On y voit, — dit un de ses biographes, — son application continuelle à surveiller ses pensées, à les redresser, à les spiritualiser. Une religieuse dans le fond de son cloître n'est pas plus habile que cet officier de marine à rechercher et à découvrir les secrets mobiles de tous ses actes, à en détester la mauvaise inspiration, à en déplorer la faiblesse.

Marceau se reproche de ne pas s'être opposé à la négligence, non pas de ses subordonnés, mais de ceux qui se sont associés à ses travaux ; il regrette la moindre perte de temps ; il faut que toutes choses se fassent, et se fassent comme il convient.

Il était naturellement sarcastique, amer, même dédaigneux et tranchant. On assiste à sa lutte contre ses penchants ; il est désolé quand le trait lui échappe, quand il a le malheur de blesser ses collègues ou de blâmer ses chefs ou ses prédécesseurs. *Un mot de trop* est pour lui un sujet d'humiliation.

« Je suis effrayé de ce que je serais, dit-il, si je n'étais pas revenu à la religion. »

Vis-à-vis de ses inférieurs il tient à avoir tous les égards qu'il doit, mais il se reprocherait aussi de manquer à la dignité de son commandement. L'obligation de veiller à la discipline des hommes de sa dépendance est sérieuse : il accuse ses condescendances où il croit entrevoir de la faiblesse ; il veille à ne pas être rude et il se reprend du moindre mouvement d'impatience. C'est une étude constante de bien faire et une prière incessante à Dieu de bénir ses efforts.

La politesse, la simple politesse, lui est une matière d'examen et un objet d'humiliation. Manquer à la politesse envers un indifférent, n'est-ce pas, en effet, manquer à la charité que l'on doit au prochain ? La politesse ne suffit pas : le chrétien doit être aimable pour gagner les âmes à Jésus-Christ. Marceau se reprochait de n'avoir pas eu de gaieté et de s'être laissé aller à l'ennui en compagnie.

Les picotements de respect humain et d'orgueil sont détestés ; la moindre dépense superflue est regrettée ; il veut employer tout ce qu'il possède au service de Dieu, aussi bien son argent que les forces de son intelligence et les trésors de son cœur.

Il s'accuse d'avoir, *par moments,* oublié la présence de Dieu.

Il ne craint pas de s'arrêter aux petites choses : il se repent avec douleur d'avoir, à dîner, succombé à la tentation d'une friandise, d'avoir été contrarié de la gêne que lui faisaient éprouver ses voisins dans une voiture publique, d'avoir manqué de dire son chapelet à l'heure accoutumée, d'être resté trop tard chez un ami, etc.

*
* *

L'âme de Marceau était dès lors tellement éprise de DIEU que cet amour, lorsqu'il pouvait l'épancher librement, lui faisait oublier en quelque sorte ce qui se passait autour de lui.

Un jour qu'il se trouvait à Nantes au restaurant prenant son repas, un voyageur s'approche, se nomme... C'était un excellent chrétien, connu aujourd'hui dans toute la France par son zèle. Aussitôt Marceau se lève, l'embrasse, et, écartant son assiette, il se met à causer avec lui, sans respect humain, de DIEU, du bonheur qu'il y a de lui appartenir, de ce que sa gloire exige de notre dévouement. Une heure, deux heures, trois heures s'écoulent ; on écoutait les deux nouveaux amis avec curiosité, avec étonnement : les convives se succédaient autour d'eux, leurs saints entretiens duraient toujours... Il se faisait tard. Enfin on vint avertir qu'on allait fermer le restaurant. Marceau ne s'était pour ainsi dire aperçu de rien. « Je n'oublierai jamais, disait son fervent interlocuteur, cette première entrevue. »

« Il semble, écrit Marceau, le 14 septembre 1843, à un officier converti comme lui, il semble qu'on ait peur de revenir sur le seul sujet qui mérite de nous occuper et qui soit intarissable !... DIEU ! Comme le temps passe quand on parle de DIEU ! Heureusement nous aurons toute l'éternité pour nous en entretenir. »

Mais c'est par les actes plus que par les paroles que se prouve et s'entretient l'amour. Pour DIEU, Marceau ne comptait ni son temps, ni sa peine, ni son argent. Un officier lui parlant de la modicité de l'aumône exigée de chacun pour l'Œuvre de la *Propagation de la Foi :* « C'est bien pour la majorité, répliqua Marceau, mais dans notre position il ne nous est pas permis de donner si peu. »

Le zèle le dévorait. Un officier s'était converti environ à la même époque que lui ; Marceau, l'ayant rencontré plusieurs mois après, lui dit : « Vous confessez-vous souvent ? — Oui, de temps en temps, aux grandes fêtes, par exemple. — Mais

on ne vous fixe donc pas d'époque? — Non, je vais me confesser, on m'absout, et on n'ajoute rien de plus.— Mais, mon
cher, il faut prier votre confesseur de fixer l'époque du retour.
Dans la vie spirituelle tout doit être réglé comme sur un
vaisseau. » Et Marceau conduit lui-même son ami à un autre
prêtre. Celui-ci eut bientôt découvert dans ce docile officier
une âme d'élite ; il le fit revenir tous les quinze jours, puis
tous les huit jours, et, peu après, le camarade de Marceau
communiait plusieurs fois par semaine. Le zélé marin lui dit
encore : « Faites-vous la méditation ? Portez-vous le scapulaire? » L'autre, fort étonné, ne sait ce dont il s'agit. Marceau
le lui apprend et lui enseigne la pratique de l'oraison.

Nous ne finirions pas si nous voulions donner le détail de
toutes les œuvres de zèle de Marceau. Au bagne, il va visiter des forçats qu'on lui a recommandés, et il cherche à leur
inspirer des sentiments chrétiens.

On lui apprend qu'on veut placer un enfant dans une
école sans foi. Les souvenirs de sa première jeunesse lui font
éprouver aussitôt une vive compassion, et il signale les
dangers de cette détermination avec des accents déchirants,
propres à émouvoir les cœurs les plus durs, à ébranler la
résolution la plus ferme. Un jour, il trouve une association
d'ouvriers chez les Frères des Écoles chrétiennes, et il forme
aussitôt le projet d'en fonder dans deux des villes principales
de la France.

Il se sert de son influence pour porter les matelots à remplir les devoirs du christianisme ; il conduit à des prêtres des
jeunes gens qu'il a déterminés à mieux vivre, et des prêtres
au chevet des malades, afin qu'ils se confessent.

Un aimant sacré attirait vers lui les cœurs incroyants et
malades. Un officier lui écrit : « J'ai été huit jours entre la
vie et la mort dans une affreuse tempête sur les côtes de
l'Afrique, et j'ai senti le besoin de DIEU. Enseignez-moi,
cher ami, une religion. » On juge s'il répondit à l'appel !

DONOSO CORTÈS.

(1809 - 1853.)

Donoso Cortès (don Juan) est une des gloires littéraires de l'Espagne. Il naquit le 9 mai 1809 à Valle de la Serena.

Ses études furent rapides et brillantes. A seize ans, il les avait terminées avec éclat. A vingt ans, il était nommé professeur de philosophie ; à vingt huit ans, il était député de Cadix et à trente-six ans sénateur. Il devint ensuite ambassadeur à Berlin et à Paris. Il a écrit plusieurs ouvrages espagnols et français.

Louis Veuillot et le comte de Montalembert ont consacré à ce célèbre diplomate des pages éloquentes.

*
* *

Voici le portrait de Donoso Cortès par le comte de Montalembert :

« C'est à Berlin que vint le surprendre la Révolution de Février, la catastrophe européenne de 1848. Auparavant, son âme avait subi une révolution aussi radicale que bienfaisante. Au milieu des labeurs et des succès de sa jeunesse, il était resté étranger à toute pensée sérieusement chrétienne. Il n'avait jamais renié la foi de son enfance. Son langage était toujours respectueux ; ses mœurs étaient restées pures ; son âme avait même été conviée de bonne heure à goûter le calice salutaire de la douleur. Mais, ni la majesté ni la miséricorde de Dieu, ni la triomphante vérité de l'Église ne s'étaient encore révélées à lui. L'heure du réveil sonna pour cette âme prédestinée un peu avant qu'elle ne semblât sonner le deuil de toutes les monarchies du continent.

» Notre Juan avait un frère nommé Pedro, plus jeune que lui d'une année, compagnon fidèle de ses études et tendrement aimé depuis l'enfance. La communauté de leurs premières études n'avait pas enfanté l'uniformité de leurs opinions. Néanmoins, ces dissentiments n'altéraient en rien l'union des deux frères. « Je l'aimais, disait Donoso, autant et peut-être plus qu'il n'est permis d'aimer une créature humaine. »

» En 1837, Pedro tomba mortellement malade ; Juan, alors absent de Madrid, vola auprès de son frère. Les souffrances et le danger du malade amenèrent naturellement l'entretien sur ce terrain où la vérité suprême attend tôt ou tard les esprits faits pour elle. Au milieu de ses anxiétés, Juan raconta à son frère sa rencontre à Paris avec un compatriote dont la vertu, la charité, la simplicité l'avaient singulièrement frappé, et lui donnaient à penser qu'il y avait dans la profession d'honnête homme un degré dont il restait éloigné, tout fier qu'il se croyait de son honneur et de sa vertu. Il s'était senti subjugué par cette vertu différente de toutes les vertus de sa connaissance. Il en avait parlé à l'Espagnol, et celui-ci lui avait tout simplement répondu : « En effet, vous êtes un honnête homme, et moi aussi, et il y a quelque chose dans mon honnêteté de supérieur à la vôtre. — A quoi cela peut-il tenir ? — A ce que je suis resté chrétien, tandis que vous ne l'êtes plus. » En entendant ce récit, le moribond se tourna vers le narrateur et lui dit : « Oui, mon frère, il t'a donné la vraie raison. » Et là-dessus, avec la double autorité de l'amour et de la mort, il se mit à lui expliquer le sens de cette parole. La grâce parla en même temps à ce grand cœur trop long-temps dépaysé. Pedro mourut le lendemain en léguant à son frère la vérité, la foi et son confesseur.

» L'embassadeur d'Espagne racontait lui-même ces détails avec une naïve et noble franchise dans un salon de Paris, au mois de mars dernier. Quelqu'un lui dit : « En vérité, Dieu vous a fait là une grande grâce en vous éclairant ainsi subitement au milieu de votre carrière et quand vous ne pensiez plus à le chercher. Il faut qu'il y ait eu dans votre vie quelque circonstance particulière qui vous ait mérité une telle faveur. — Je ne m'en rappelle aucune, » répondit Donoso Cortès ; mais, après avoir réfléchi un instant, il ajouta : « Peut-être » un sentiment a pu y être agréable à Dieu. Je n'ai jamais

» regardé le pauvre assis à ma porte sans penser que je voyais
» en lui un frère. »

» Lui-même écrivait à un ami en lui envoyant le récit de
sa conversion : « Comme vous le voyez, le talent et la raison
» n'y ont eu aucune part ; avec mon faible talent et *ma*
» misérable raison, je suis arrivé à la tombe avant d'atteindre
» à la vraie foi. Le mystère de ma conversion, (car dans toute
» conversion il y a un mystère,) est un mystère d'amour. Je
» n'aimais pas DIEU, il a voulu être aimé de moi, et je l'aime,
» et je suis converti parce que je l'aime. »

» Ainsi converti à trente huit ans, il entre à la fois en
pleine possession de la vertu et de la vérité, sans avoir été
condamné aux longues luttes, aux fatigantes incertitudes,
aux mortelles hésitations par où ont dû passer tant de chrétiens de la dernière heure, et où tant d'âmes ont usé l'énergie
nécessaire au salut. A peine a-t-il mis le pied dans le domaine
du catholicisme qu'il s'y précipite en conquérant. Rien n'é-
chappe à son ardeur, à sa soif de connaître la vérité, d'en
jouir, de combattre pour elle. A peine assis sur les bases élé-
mentaires du catéchisme, il se plonge dans la théologie mys-
tique, dans les grands écrivains ascétiques que sa patrie a
donnés à l'Église, surtout dans sainte Thérèse et Louis de
Grenade. Il ressort de ces profondeurs lumineuses comme
pour reprendre haleine, promène un regard ferme et rapide
sur l'Europe bouleversée, et prête l'oreille à ces terribles
coups que DIEU frappait alors sur les trônes et sur les cons-
titutions de l'Europe ; ils achèvent son éducation et commencent celle de ses contemporains.

» Alors il se recueille et s'examine ; il se sent prêt à de
nouveaux combats, abandonne pour un temps son poste
diplomatique, va reprendre sa place aux Cortès, et, le 4 janvier
1849, il prononce le célèbre discours sur la dictature et la
révolution qui fit franchir les Pyrénées à son nom et le plaça,
du premier coup, au rang des grands orateurs de l'Europe.

» Deux lettres rendues publiques dans le courant de cette
même année 1849, et une seconde et dernière harangue pro-

noncée, au commencement de 1850, sur la situation générale
de l'Europe, lui servirent à développer, avec une hardiesse
croissante et une éloqnence magique, ses convictions religieuses appliquées à la politique. Elles consolidèrent l'édifice
de sa réputation européenne et l'influence considérable qu'il
exerça dès lors sur les catholiques du monde entier...

» Il n'y avait pas encore deux ans que le marquis de Valde-
gamas occupait le poste de plénipotentiaire à Paris, et déjà
il avait conquis des sympathies profondes, nombreuses et
diverses. Tout annonçait qu'il était appelé à exercer parmi
nous une de ces grandes et durables influences dont l'histoire
offre quelques rares exemples ; et voilà que Dieu le choisit
pour donner à cette grande capitale, dans ses rangs les plus
élevés, le spectacle admirable de la mort du juste. Tout Paris,
le Paris religieux, politique, littéraire, suivait avec anxiété les
progrès du mal mystérieux qui consumait trop rapidement
cette organisation si pleine de feu et de vie. Grâce à quelques
amis admis auprès de ce lit de douleurs et de vertus, grâce
surtout à la Sœur de Bon-Secours qui veillait près du malade,
on a su par quels traits de noble patience, de fervente piété,
de forte et tendre résignation, ce grand chrétien a témoigné
de sa foi et de sa charité envers Dieu et le prochain. Ce
devoir de l'aumône qu'il accomplissait avec une générosité
antique, qui lui faisait distribuer à Madrid, où rien ne l'astrei-
gnait à une représentation officielle, *les cinq sixièmes* de son
revenu, qui, dans Paris, le conduisait chaque semaine de
l'hôtel de son ambassade chez les *Petites-Sœurs des Pauvres*
et dans les misérables greniers des faubourgs, ce devoir pré-
occupait son âme jusqu'au dernier instant L'un de ses derniers actes fut de veiller à ce que la distribution ordinaire
de ses dons ne souffrît aucun retard par suite de ses propres
maux, et de livrer lui-même à des mains amies l'argent qu'il
y destinait.

» Mais ce n'est pas seulement par l'aumône que se mani-
festait sa charité. Dans sa vie comme à son lit de mort, il
avait toujours témoigné une tendre et active sollicitude pour
le bonheur et la bonne renommée d'autrui. M. Louis Veuillot

a dit avec une parfaite justesse : « Sa parole prompte, ardente
» et sincère était en même temps la plus inoffensive que l'on
» pût entendre, et c'était un charme de voir qu'il eût toujours
» innocemment tant d'esprit. » — « Ce qui m'étonne le plus,
» nous disait la Sœur qui a reçu son dernier soupir, ce que
» je n'ai encore vu que chez lui, c'est qu'il ne dit jamais de
» mal de personne. »

» Mais s'il aimait ainsi ses semblables, comment ne dut-il
pas aimer son DIEU ! Aussi la même Sœur disait encore :
« Il n'est jamais cinq minutes sans penser à DIEU ; et quand
» il en parle, ses paroles s'enfoncent dans le cœur comme des
» flèches. » Quant on vint lui annoncer que l'empereur
envoyait un aide de camp pour lui témoigner son affectueux
intérêt, il remercia de la tête, puis, tournant son œil doux et
profond vers l'image du CHRIST portant sa croix qui pendait
à son chevet : « Pourvu, dit-il, que celui-là s'intéresse à moi,
» c'est tout ce qu'il me faut. »

» La franche et entière humilité dont il était pénétré se
révélait à chaque instant, et se mêlait dans tout son être à la
plus généreuse patience. Un jour, le pieux et savant médecin
qui luttait contre le mal graduellement vainqueur, disait à la
Sœur : « Vous soignez là un malade comme vous n'en avez
» pas souvent : c'est un vrai saint ! » Donoso l'entendit ; il se
dressa sur son séant, tout indigné, et, avec une véhémence
tout inouïe : « Monsieur Cruveilher, dit-il, avec de telles
» idées on me laissera dans le purgatoire jusqu'à la fin du
» monde. Je vous dis que je ne suis pas du tout un saint,
» mais le plus faible des hommes. Quand je suis avec de
» braves gens, ils me font du bien ; mais si je vivais avec des
» méchants, je ne sais ce que je ferais. » Puis, se tournant
avec un regard enflammé et un geste inexprimable vers son
crucifix : « Vous le savez, vous, mon DIEU, que je ne suis
» pas un saint ! »

» La lutte douloureuse et admirable touchait à sa fin. A
l'extrême et séduisante vivacité de tout son être avait succédé,
non pas l'affaissement de la maladie, mais le calme du chrétien
sûr de sa route et de son Maître. Ce calme demeura jusqu'au

bout le trait distinctif de sa figure et de ses paroles. Il n'était interrompu que par les effusions de sa piété. Il mêlait à ses prières en français et en latin ces touchantes exclamations de la ferveur espagnole, qui ont quelque chose de plus familier et de plus intime : *Jesus de mi alma ! Dios de mi corazon !* Voici ses dernières paroles, les dernières du moins qu'on ait pu entendre : « Mon Dieu, je suis votre créature ; vous avez » dit : *J'attirerai tout à moi ;* attirez-moi, prenez-moi. » C'est ainsi qu'il mourut, le soir du 3 mai 1853, avant d'avoir accompli sa quarante-quatrième année.

» On se rappelle la consternation que la nouvelle funèbre répandit dans Paris, et qui s'est propagée jusqu'aux extrémités du monde catholique. Ce ne furent pas seulement les catholiques qui se sentirent frappés. Il avait su conquérir partout des amitiés ; il attirait involontairement ceux que tout semblait éloigner de lui ; il captivait ceux qu'il ne cherchait même pas à convaincre. Il fut pleuré par des yeux inaccoutumés aux larmes.

» Ses obsèques offrirent un spectacle édifiant et curieux, plus édifiant qu'il n'arrive d'ordinaire parmi nous, et curieux parce qu'il s'y reflétait une vive image de l'action exercée par cet étranger aimé sur tous les rangs de notre société. On y voyait les plus illustres serviteurs des deux monarchies vaincues et exilées, marchant derrière les grands du régime actuel. Deux mondes divers et contraires se réunissaient pour la première fois autour de ce cercueil que la Religion honorait aussi de son deuil, mais qu'elle illuminait de ses infaillibles espérances.

» Le monde lui avait prodigué ses dons ; il occupait comme ministre plénipotentiaire à Paris le premier poste de la diplomatie espagnole ; il était sénateur, grand'croix de l'Ordre de Charles III, gentilhomme de la Chambre de la Reine, membre de l'Académie royale d'histoire. Il avait atteint bien jeune encore la plupart des dignités les plus recherchées de son pays.

» Mais Dieu avait été plus prodigue encore envers cette créature chérie. Outre le bienfait inestimable de la foi perdue et retrouvée, il lui avait conféré le don d'aimer et de se faire aimer. Ce sage, ce pénitent, ce fervent chrétien portait en lui le bonheur, et le répandait au dehors à grands flots. Ceux qui ne pourront plus que le lire le connaîtront dans son éclat, mais ne se douteront pas de son charme. Car, il faut qu'on nous le laisse dire, c'était un homme *charmant ;* cette expression, si banale et en apparence si frivole, est encore la seule qui lui convienne dans notre pauvre langue. Jamais personne n'a rendu la religion plus aimable et n'a donné plus d'attrait à la vertu chrétienne. La paix et la félicité qu'il avait goûtées au moment de sa conversion à DIEU semblaient s'être gravées en traits ineffaçables dans son cœur, et se faisaient jour jusque dans son langage et dans son regard. Il avait le tendre et généreux élan d'une âme expansive, rajeunie d'avance par l'éternel bonheur de l'innocence.

» Il était resté jeune de cœur plus encore que d'années. Ce prophète, qui voyait tout en noir dans les révolutions de l'avenir, était d'un enjouement inépuisable et contagieux, toujours gai, toujours enclin au bienveillant sourire. Il jouissait de tout, des saillies d'un petit enfant comme des merveilles du génie de la nature. Il savait admirer avec une intelligente jouissance qui débordait sur tout ce qui l'entourait. Il savait aussi pardonner à la fragilité humaine, et versait chaque jour je ne sais quel baume suave et salutaire sur les infirmités de son prochain. C'est ce qui rendait son commerce si facile et si sûr, ce qui donnait à tout son être quelque chose de pénétrant et d'irrésistible. En un mot, c'était au suprême degré ce que les Italiens appellent un homme *sympathique*. DIEU lui avait départi deux dons qui sont le sceau des âmes élues pendant leur passage sur la terre : l'autorité et la sérénité. Il les retrempait sans cesse dans l'humble et généreuse ardeur de sa foi...

» Mais à quoi bon se perdre dans un effort inutile pour retracer cette image chérie ! En achevant ces pages, je me sens à la fois incapable de le faire deviner à ceux qui ne l'ont jamais connu, et de lui rendre justice aux yeux de ceux qui l'ont aimé. Qu'il parle lui-même une dernière fois et nous

dise le secret de sa science, de sa verve, de son calme, de sa
force, de son charme : « Je suis purement catholique, je crois
» et professe ce que professe et croit l'Église catholique, apos-
» tolique et romaine. Pour savoir ce que je dois croire et ce
» que je dois penser, je ne regarde pas les philosophes, je
» regarde les docteurs de l'Église ; je ne questionne pas les
» sages, ils ne pourraient me répondre : j'interroge plutôt les
» femmes pieuses et les enfants, deux vases de bénédiction,
» parce que l'un est purifié par les larmes, et que l'autre est
» embaumé des parfums de l'innocence. »

*
* *

Détachons encore quelques lignes d'une lettre que ce
grand chrétien écrivait de Berlin le 21 juillet 1849 :

« Je crois que ceux qui prient, disait-il, font plus pour le
monde que ceux qui combattent, et que si le monde va de mal
en pis, c'est qu'il y a plus de batailles que de prières.

» Si nous pouvions pénétrer dans les secrets de Dieu et de
l'histoire, je tiens, pour moi, que nous serions saisis d'admiration devant les prodigieux effets de la prière, même dans
les choses humaines.

» Pour que la société soit en repos, il faut qu'il y ait un
certain équilibre, que Dieu seul connaît, entre les prières et
les actions, entre la vie contemplative et la vie active.

» Je crois, tant ma conviction sur ce point est forte, que,
s'il y avait une seule heure d'un seul jour où la terre n'en-
voyât aucune prière au Ciel, ce jour et cette heure seraient le
dernier jour et la dernière heure de l'univers. »

SAINT-ARNAUD.

(1798 – 1854.)

J. LEROY de Saint-Arnaud, maréchal de France, ancien
ministre de la guerre, fut l'âme du coup d'État du
2 Décembre 1851.

Il avait été recommandé au prince Louis-Napoléon par
le maréchal Bugeaud, dans les termes suivants : « Prince, si
jamais Votre Altesse Impériale a besoin d'un vigoureux capitaine dans une circonstance grave, je vous recommande
Saint-Arnaud, esprit très prompt, caractère solide, courage
à toute épreuve, homme d'initiative, brisant les obstacles
lorsqu'on ne peut les tourner. »

Nommé général de division en 1851, après deux brillantes
expéditions dans la Kabylie, il fut appelé au ministère de la
guerre, et l'année suivante Napoléon le faisait maréchal de
France.

Deux ans après, le maréchal Saint-Arnaud, général en
chef de l'expédition contre la Russie, faisait voile vers la
Crimée. Après un heureux débarquement, il gagna, le 20
septembre 1854, la glorieuse bataille de l'Alma. Mais sa
santé, depuis longtemps altérée, succomba aux fatigues de
la guerre, et il mourut en bon chrétien le 29 septembre.

Nous empruntons au P. Huguet le récit de sa touchante
conversion, et à Louis Veuillot le récit de sa glorieuse
mort.

**

On ne connaît pas assez les touchants détails de la conversion du maréchal, et la part que sa fille, Louise de
Saint-Arnaud, eut à ce changement merveilleux.

Melle de Saint-Arnaud avait fait son éducation dans le
célèbre couvent des Oiseaux, à Paris. Comme elle fit souvent des absences prolongées, elle ne put être reçue Enfant
de MARIE avant sa sortie du pensionnat.

Ses sages maîtresses voulurent, avant de l'admettre, qu'elle essayât ses forces ledans monde. Elle accepta l'épreuve, et revint quelque temps avant son mariage, beaucoup plus occupée de sa réception que de l'établissement projeté pour elle. Ce fut le 4 novembre 1852 qu'on l'admit enfin dans la congrégation. Depuis que Louise avait mieux connu la religion, elle ne rêvait plus qu'une chose, ramener son père

Saint-Arnaud, maréchal de France.

à la pratique de ses devoirs. Chaque fois qu'elle assistait à un sermon: « Oh ! si mon père entendait cela! » disait-elle ; et souvent ce fut avec des larmes qu'elle sollicita cette con- version tant désirée.

Nous savons que bien des causes ont pu amener cet important retour vers Dieu, que bien des âmes se sont intéressées à cette âme et lui ont tendu la main. Celui qui change les cœurs, c'est DIEU. Nous rapportons ici seulement ce que l'on a trouvé écrit jour par jour, dans le journal des Enfants de MARIE, de la part qu'eut aussi l'excellente Louise au changement de son père. La simplicité et la vérité de ces détails en feront tout le charme ; ils encourageront ses sœurs à tout demander à MARIE, à tout attendre de la Mère des miséricordes.

Louise n'ignorait pas son ascendant sur le cœur de son père, et plus d'une fois elle amenait la conversation sur le terrain religieux. « Mon père reçoit tout cela en plaisantant ; mais je le connais, il y pense ensuite très sérieusement, » disait-elle.

Dans la retraite préparatoire à sa réception, Louise comprit mieux que jamais qu'une Enfant de MARIE doit être un apôtre, au moins par la prière et par l'exemple. Il fut donc bien résolu qu'elle travaillerait à la conversion de son père ; d'ailleurs elle devait la demander comme unique grâce le jour de la cérémonie, et, ce que l'on demande ce jour-là avec foi et confiance, comment ne l'obtiendrait-on pas ?

La veille, elle avait expliqué à son père, sur sa demande, ce qu'est *une Enfant de MARIE*. Il avait été ému, et par le bonheur dont rayonnait le visage de sa fille, et par la protection dont allait l'entourer la plus pure des vierges. « C'est mon droit de te donner la médaille et la couronne des Enfants de MARIE, dit-il, à condition que tu prieras pour ton père, ma fille chérie. »

C'était chose facile et faite depuis longtemps.

Le jour de la réception suivait celui de la signature du contrat de mariage de Louise. La soirée s'était prolongée bien avant dans la nuit. Le lendemain le maréchal réveilla lui-même sa fille, dans la crainte que ses gens n'eussent oublié l'heure matinale de son lever ce jour-là. Le bon ange de M. de Saint-Arnaud ne semblait-il pas lui faire comprendre l'importance des grâces attachées pour lui-même à ce jour de bénédiction ?

Le maréchal se proposait d'assister à la cérémonie ; à son

grand regret, l'état de sa santé ne lui permit pas de se procurer ce bonheur. L'après-dînée, au sortir de la séance d'ouverture du Sénat, il accourut ici, voulant au moins voir sa
fille en costume d'Enfant de MARIE ; il l'embrassa avec
plus d'affection qu'à l'ordinaire, lui disant : « C'est le meil-
eur moment de ma journée. Que tu es donc gentille, ma
Louise, *ma petite Enfant de MARIE !* » Ce nom allait à son
cœur ; il le répéta avec complaisance toute la journée.

« — Si tu savais comme je suis heureuse ! Papa, j'ai bien
prié pour toi.

» — Et moi aussi, ma fille, j'ai essayé ; mais, vois-tu, je ne
sais pas prier, tu me l'apprendras.

» — Oui, oui, mon petit père, nous prierons ensemble. »

Et, le soir même, Louise était à genoux à côté de son
père, joignant ses mains dans les siennes, lui faisant répéter
avec elle : *Notre père*, — *Je vous salue*, MARIE, — *Souvenez-
vous*, et lui passant autour du cou une médaille miraculeuse
qu'il avait quittée depuis longtemps.

Le général versa quelques larmes et embrassa sa fille,
en l'appelant *son ange, sa petite Enfant de MARIE*. Louise le
croyait gagné, mais tout n'était pas obtenu ; le lendemain,
il paraissait avoir oublié son émotion de la veille. « Vois-tu,
disait-il à Louise, je suis décidément trop occupé pour faire
des prières : je parle à DIEU du fond du cœur, ce qui vaut
beaucoup mieux. » Cependant il luttait toujours avec la
grâce qui le sollicitait intérieurement, et il cherchait à s'étour-
dir, comme il l'avoua plus tard.

M. de Saint-Arnaud est créé maréchal de France : Louise
épouse le marquis de Puységur. Il n'en fallait pas tant pour
distraire notre prosélyte nouveau de ses pensées religieuses.

Cependant il était en proie aux plus cruelles atteintes
d'une maladie d'entrailles, qui datait de ses campagnes
d'Afrique ; ses souffrances, que n'adoucissaient pas la foi et
la résignation à la volonté de DIEU, l'aigrissaient au lieu de
le dompter, et son moral, violemment surexcité, réagissant
d'une manière alarmante sur son physique, ses forces dimi-
nuaient notablement.

Louise n'avait pas perdu le but de son unique désir en
ce monde : rendre son père aussi fervent chrétien qu'il était
intrépide guerrier. Elle crut l'occasion favorable. Elle se rend
près de lui un jour qu'il souffrait plus que de coutume.

« — Je m'en vais, ma fille, lui dit le maréchal ; je perds mes
forces et je n'irai pas loin.

» — Comment, mon père chéri ! mais alors il faut prier
le bon DIEU comme tu l'as prié un certain jour, tu t'en souviens ? et tu seras mieux.

» — Tu le crois, ma fille ? Alors je le veux bien. »

Et il récite avec elle le *Souvenez-vous*.

Comme elle commençait l'invocation de la médaille :

« — Non, non, ma fille, je la sais bien sans toi, je la dis
tous les jours depuis que... »

Il s'arrêta.

Louise jugea le moment favorable :

« — Mon père chéri, dit-elle, tu pourrais me rendre si
heureuse !

» — Comment cela, ma fille ?

» — Je te l'ai déjà dit une fois ; tu m'avais presque promis, et tu l'as oublié.

» — Dis, ma Louise ; que ne ferais-je pas pour toi ?

» — Eh bien ! si tu voulais te confesser. »

Le maréchal sourit d'abord, puis ajouta :

« — Mais je ne fais rien de mal, je n'ai ni tué ni volé.

» — Comment ! mon père, tu ne fais rien de mal ! Et tes
colères, et tes emportements ? Puis tu jures comme un païen,
et bien d'autres choses que tu sais mieux que moi ; comptes-
tu tout cela pour rien ?

» — Mais, ma fille, tu serais donc bien contente ?

» — Non seulement contente, père, mais heureuse.

» — Eh bien, si je puis faire ainsi ton bonheur, j'irai demain me confesser, foi de maréchal de France, je le jure sur
mon bâton. »

Le lendemain donc il se rend à l'église, seul et à pied ; il
entre au premier confessionnal venu. Il ne voulait pas être
connu du prêtre auquel il ferait le récit de ses fautes. Le res-

pect humain n'entrait cependant pour rien dans cette idée·
Il voulait confesser le pécheur et non le ministre ; on n'avait
que faire de ses noms et qualités.

A son retour :

« — Eh bien, dit-il, j'ai fait ce que tu m'as demandé, mon
petit ange ; es-tu contente ?

» — Moi, je suis heureuse, bien heureuse.

» — Mais il est bien sévère, mon prêtre ; il ne me donnera l'absolution que dans un mois et après trois confessions : c'est bien long.

» — Cependant, mon père, c'est toute ta vie sur laquelle
il faut revenir ; ce délai me semble raisonnable.

» — C'est vrai, ma fille, je sais bien que je n'étais pas
digne.

» — Et quel est le prêtre auquel tu t'es adressé, papa ?
Sais-tu son nom ?

» — Pas plus qu'il ne sait le mien ; j'ai été à celui qui se
trouvait de garde.

» — Cher petit père, voyons un peu, n'aurais-tu pas oublié bien des choses ? Et ce que tu appelles tes peccadilles,
le bon DIEU n'en juge pas de même. »

Louise entre alors dans le détail, et, moitié sérieusement,
moitié riant, lui fait son examen de conscience.

Le maréchal écoute avec la simplicité d'un enfant et convient que voilà bien des articles qu'il ne croyait pas, au premier aperçu, devoir entrer dans ses comptes.

Joignons à ces détails, racontés par Louise au moment où
ils étaient si présents à son cœur, ces quelques mots écrits le
soir même à sa bonne amie Adèle. Bien que sa lettre renferme à peu près les mêmes circonstances que son récit, elle y
ajoute cependant quelques particularités bien précieuses à
recueillir.

« Je rentre, ma chère Adèle ; il est onze heures du soir,
j'ai dîné au ministère, et à huit heures je me suis trouvée
seule avec mon père. Tu sais notre conversation d'hier ;
eh bien ! il y est allé ; oui, il est allé se confesser, il y retourne
demain, puis dimanche, puis toujours, j'espère. Si tu savais

comme je suis heureuse ! Mon pauvre père ! il était tout
ému, il m'a avoué qu'il était bien heureux, et moi donc !
S'il savait toute la joie que j'éprouve de ce changement ! il
pleurait en parlant ce soir de son calme, de sa tranquillité. Il
est tombé sur un prêtre bien sévère, m'a-t-il dit, qui ne lui donnera l'absolution que dans un mois, après trois confessions.
Il la désire si vivement ! C'est bien long. « Je voudrais tant,
dit-il, être tout à fait heureux ! » Mais cette sévérité ne
l'effraye pas. Tout cela, ce sont ses propres paroles. Juge, toi
qui le connais comme moi ! je l'admire. Demande des prières à
mes bonnes Mères, aux Enfants de MARIE. Je serais si triste s'il
ne persévérait pas ! Mais non, il ne reculera pas, il était trop
heureux ce soir. Demain, j'irai au couvent remercier la
Sainte Vierge ; c'est à Elle que je dois cela, et je lui demanderai
la continuation. »

Quelques jours après cette première démarche, le maréchal
se confessa donc encore au même prêtre sans se nommer. Il
ne lui restait plus qu'à recevoir l'absolution, quand une crise
plus violente de son mal éveilla la sollicitude des médecins.

Dans les premiers jours de mars, ils déclarèrent que le
maréchal était perdu si on ne parvenait à lui faire prendre
un repos complet de corps et d'esprit. Un séjour à Hyères
fut résolu ; il partit avec sa femme. Louise venait de se ma-
rier ; elle restait à Paris dans les plus cruelles inquiétudes :
tout semblait remis en question pour ce père bien-aimé,
et la vie du corps et la vie de l'âme.

Arrivé à Marseille, le maréchal demeura trois heures entre
la vie et la mort. Il se rendait compte de son état, et cette
mort, qu'il avait tant de fois affrontée sur les champs de
bataille, lui apparut avec une terreur inaccoutumée, non en
elle-même, mais dans ses suites. Déjà il était chrétien de
conviction, et il découvrait, au delà du temps, cette éternité
pleine d'angoisses qui peut bien faire trembler les braves
sans que ce frissonnement leur soit imputé à faiblesse.

Le plus habile médecin de Marseille est mandé. Par
bonheur, c'était un fervent chrétien. Il aborda franchement
la question :

« Monsieur le maréchal, vous êtes en danger ; je ne vois qu'un remède pour vous sauver ; encore le succès est-il douteux. Peut-être il vous guérira, je l'espère ; mais peut-être aussi.... Enfin occupez-vous de votre âme ; moi je me charge de votre corps.

» — Docteur, comme vous y allez ! Eh bien ! je me livre à vous : mieux vaut sortir de là, de quelque façon que ce soit. »

On conçoit l'impression de ce dialogue sur les amis du malade, sur la maréchale. Elle envoie aussitôt à toutes les communautés religieuses demander des prières, des neuvaines ; puis, s'adressant aux officiers d'état-major :

« — Messieurs, dit-elle, vous le voyez, nous n'attendons plus rien que de DIEU. Voici les Pâques, j'espère que vous accomplirez vos devoirs de chrétiens ; vous aimez le maréchal, c'est le moment de le lui prouver. »

Ces paroles eurent à l'instant même leur efficacité.

« — Je ferai mes Pâques, dit en ce moment le maréchal, et vous, Messieurs, avec moi, j'espère : nous avons tous besoin de DIEU. »

Mme de Saint-Arnaud était au comble de ses désirs ; alors elle fit un vœu dans le secret de son cœur, et DIEU se plut à l'exaucer.

Cependant, à Paris, le cœur de Louise veillait aussi et le jour et la nuit sur son père bien-aimé. Les neuvaines se succédaient à Notre-Dame-des-Victoires ; un cierge brûlait sans cesse comme une prière permanente à cette chapelle des Enfants de MARIE qui avait reçu ses engagements, et de tous côtés elle réclamait des prières. Tant de supplications ne furent pas inutiles. La conversion du maréchal fut aussi sincère qu'elle avait été prompte. Qui en doutera, après avoir lu les fragments suivants de ses lettres à sa fille ?

Un mieux sensible avait permis au maréchal de gagner sa destination, et il eut le bonheur de rencontrer un saint, qui dès l'abord gagna sa confiance.

« Hyères, 19 mars. — Tu seras bien contente de moi, ma

fille bien-aimée, je me suis rapproché de Dieu par la prière :
j'ai beaucoup prié. Dieu m'a entendu, il a eu pitié de moi,
il m'a ouvert les yeux et donné la foi. J'ai trouvé dans le
curé d'Hyères un respectable et digne ecclésiastique ; nous
avons eu plusieurs conférences ensemble ; il a reçu ma confession entière, et je communierai le dimanche de Pâques.
J'ai bien pensé au bonheur que te causerait ce changement. J'ai beaucoup prié pour toi, et le calme est rentré dans
mon âme avec la santé et les forces qui m'abandonnaient.
Dieu m'a ramené de loin, mais pour le servir et l'aimer.
Unis tes prières aux miennes pour dimanche, huit heures
du matin. Ton père, etc. »

Le maréchal fit en effet ses pâques à Hyères, comme il
l'annonçait à sa fille. On lui dressa un autel dans sa chambre ;
ses officiers, ses domestiques, et jusqu'au planton de service,
tous assistèrent les larmes aux yeux à cet édifiant spectacle ;
la plupart communièrent auprès de leur bien-aimé chef.

Dans ce séjour à Hyères, le traitement médical eut de bons
résultats sans doute ; du moins il mit le patient en état de
lutter quelque temps encore contre son mal ; mais il y eut
pour son âme résurrection complète, vie durable, et qui alla
toujours se fortifiant jusqu'au moment où Dieu lui accorda
la mort des saints avec celle des braves.

De retour à Marseille, il écrivit encore à sa fille, en date du
3 avril : « Je gagne tous les jours, tout se fortifie ; c'est que
le calme est rentré dans mon esprit, et je saurai l'y maintenir
à tout prix. »

Les lettres suivantes donneront une idée des progrès
qu'avait faits en si peu de temps le maréchal dans la voie de
la vérité :

« Marseille, 5 avril. — Il ne faut pas croire, ma fille bien-
aimée, que l'on ne soit en ce monde que pour mener une vie
dissipée et légère ; non, quelles que soient les obligations qu'impose la société dans laquelle on vit, et où il faut toujours
tenir honorablement et convenablement sa place, une âme
élevée et chrétienne trouve toujours du temps pour la méditation, le recueillement, la prière et les devoirs de son inté-

rieur. Soigner son mari et ses enfants, c'est honorer Dieu.
Je t'engage à lire des ouvrages sérieux. Puis on se délasse
l'esprit avec des livres d'histoire, des ouvrages de littérature ;
je t'assure que, quand on a pris cette habitude, elle est facile
à continuer. Depuis mon arrivée à Hyères, je lis chaque jour
un chapitre de *l'Imitation* de Jésus-Christ, un sermon de
Bossuet, et ensuite une histoire militaire. Mon temps se
trouve très bien partagé, très bien coupé. — Je t'aime, etc. »

« Marseille, 10 avril. — Dieu me donnera de la force pour
toutes mes résolutions. J'ai foi en lui ! J'ai bien prié pour toi
ce matin à la messe ; d'ailleurs, je prie pour toi matin et soir.
L'habitude de la prière m'a donné un calme dont je me
trouve bien et tout le monde autour de moi. Je crois que tu
me trouveras bien changé, et j'y ai gagné. »

« Marseille, 14 avril. — Ma Louise chérie, quand Dieu
met dans notre cœur l'amour des bonnes choses, il sait le
faire durer. Aime ton mari, élève tes enfants dans l'amour
de Dieu et de leurs parents : c'est là qu'est le bonheur.
Nous travaillerons ensemble pour l'obtenir. Nous causerons
des choses sérieuses, de la miséricorde de Dieu surtout, et
nous le remercierons de nous permettre d'être heureux en
ce monde. Je rentre à Paris le cœur plein de satisfaction. —
Ton père, etc.»

La maréchale confirmait ainsi les détails qui précèdent :

« Dieu sait tout ce que j'ai souffert d'angoisses et de cruelles
inquiétudes ! car j'ai failli perdre mon pauvre mari. Dieu l'a
sauvé presque contre toute espérance ; mais, en le sauvant, il
l'a converti : ce n'est plus le même homme. Il a fait non
seulement des Pâques fort édifiantes, mais depuis, il est
devenu profondément religieux et pratiquant. Chaque matin,
il fait ses prières fort dévotement ; il lit un chapitre et même
plusieurs de *l'Imitation* de Jésus-Christ. Le soir, il récite
son chapelet, et dans la journée il lit soit des psaumes, soit
des sermons de Bossuet. Mais c'est surtout son caractère qu'il
travaille. Il devient bien patient.... »

Si patient que ses domestiques n'en pouvaient croire
leurs yeux.

A l'époque de son retour à Paris, il arriva que l'un d'eux oublia le plus indispensable de ses bagages de route, le nécessaire de son voyage. Arrivé au ministère, le maréchal s'aperçoit de l'oubli. On l'attendait aux Tuileries. Son premier mouvement est celui de la colère ; il tire les cordons de la sonnette de manière à donner avis au coupable de ce qui l'attend quand il va comparaître. Celui-ci arrive donc tout tremblant. Croisant tranquillement les bras :

« — Eh bien, D..., dit le maréchal tout doucement, où est mon nécessaire ?

» — Je l'ai oublié au chemin de fer, Monsieur le maréchal.

» — Eh bien ! tu as manqué de me faire mettre en colère. Comment veux-tu que je fasse, mon garçon ? Il faudra donc que je m'en passe, et sans rien dire encore ! »

D... se retira les larmes aux yeux. Depuis seize ans auprès du maréchal comme valet de chambre, il savait ce que lui valaient les plus légers manquements au service accoutumé.

De tout temps, au reste, les gens du maréchal l'avaient aimé, car ses violences passaient comme l'éclair, et il en témoignait tant de regret, il savait si bien dédommager ceux qui en avaient subi les effets, qu'on ne pouvait le connaître sans s'attacher à lui.

Après le retour du maréchal à Paris, Louise était venue se jeter dans ses bras, avec quelle joie, quel bonheur ! ceux-là seuls qui ont eu la consolation de voir revenir à Dieu des âmes aimées le comprendront. Elle savait la part que ses anciennes maîtresses avaient prise à ses angoisses, elle voulut les faire participer jusqu'à la fin aux consolations qui surabondaient dans son âme. Elle les édifiait donc par le récit de la foi grandissante de son père et de ses victoires sur le tentateur. Elle leur communiqua les détails qui suivent :

« Mon père continue, malgré ses occupations, à être fidèle. Les personnes qui le voient de près peuvent témoigner du changement de son caractère. Ses efforts sont visibles et continuels. Sans aucun respect humain, il relève dans l'intimité

ce qui pourrait nuire à la réputation du prochain ; et ce
mot sorti de sa bouche : *Allons, la charité chrétienne !* suffit
pour arrêter bien des médisances. Or, pour se faire une idée
de son mérite dans ce genre de combat, il faut savoir que
jadis sa conversation si gaie, si abondante en saillies toutes
françaises, s'alimentait quelquefois au répertoire des défauts
et des ridicules du prochain. Un jour que, par entraînement
de vieille habitude, il avait commencé à divertir son monde
par le même procédé, il s'arrêta tout court au plus piquant
de son histoire : « *C'est mal*, dit-il, *je manque à la charité, je
vous en demande pardon.* »

L'excellent converti, regardant sa fille comme son aînée
dans les voies de Dieu, trouvait tout naturel de lui demander
conseil et appui. La veille d'une communion, il lui dit :

« — Ma petite Louise, si tu vois que je m'oublie ce soir,
je compte sur toi, tu m'avertiras, car je ne voudrais rien faire
qui pût offenser Dieu. »

Louise fut fidèle à l'injonction : un signe échangé entre le
père et la fille eut son effet ; et quelques minutes après le
maréchal, s'approchant, lui dit à l'oreille avec la simplicité
d'un enfant :

« — Es-tu contente, ma Louise ? Suis-je bien ? »

« De temps en temps, racontait sa fille, on le voit passer
la main sur le front et se recueillir.

« — Qu'as-tu, mon petit père ? lui dis-je un jour ; est-ce que
tu souffres ?

» — Non, mon ange, je pense à Dieu ; prions ensemble,
je sais maintenant. Quand on est fatigué, malade, et qu'on ne
peut parler, on prie du fond du cœur et l'on se sent mieux.
Quand je suis tenté, et j'ai quelquefois d'atroces tentations,
je regarde mon crucifix, et je suis obligé de le reprendre
souvent et longtemps ; ou bien je prends mon chapelet et je
deviens plus calme. Je le dis tous les jours. Dans les grandes
occasions, je le dis ; tant que je prie la Sainte Vierge, je ne
fais pas le mal, et je l'oublie bientôt. »

Louise, voulant savoir comment il s'en tirait dans les

moments de presse extraordinaire, lui dit, un jour que les affaires s'étaient succédé sans interruption :

« — Pauvre père ! tu as été si occupé aujourd'hui que tu n'auras pas pu venir à bout de faire tes prières et ta lecture.

» — Moi, je ne les omets jamais, autant que faire se peut et c'est par là que j'ai commencé ma journée. »

Cette première obligation remplie, il savait encore revenir, au besoin aux lectures qui lui faisaient tant de bien. Plus d'une fois Louise le surprit dans son cabinet, se reposant de son travail par la lecture de quelques versets de l'*Imitation*. Ravi de tout ce qu'il trouvait de lumière et d'onction dans ce livre si nouveau pour lui, souvent il se laissait aller à le commenter en présence de sa femme et de sa fille, mais de la manière la plus profonde, la plus sentie ; puis il ajoutait avec l'expression du regret : « Et j'ignorais tout cela ! Ah ! si j'avais connu l'auteur de l'*Imitation*, comme nous aurions été bien ensemble ! »

Il lui arriva plus d'une fois de vouloir faire partager son admiration pour son livre favori à ceux-là mêmes qui ne l'avaient jamais ouvert, et de leur dire sans préambule, comme La Fontaine après sa découverte de Baruch : « Avez-vous lu l'*Imitation* ? Lisez cela, vous en serez enchanté. »

Dans sa maison de campagne, il voulut faire placer au lieu le plus honorable un crucifix, et déposa près de ce signe sacré de sa foi, comme pour les mettre à l'abri d'une si haute protection, son épée et son bâton de maréchal.

M. de Saint-Arnaud fut en butte à la calomnie. Pour ceux à qui DIEU n'avait pas donné, comme à lui, les yeux qui voient, les oreilles qui entendent, sa conversion était une vraie énigme, et l'on sait qu'ils étaient loin d'en chercher le mot dans l'infinie miséricorde de DIEU et dans son action toute-puissante sur les cœurs.

Le maréchal n'ignora aucun de ces propos ; quelques-uns étaient si absurdes qu'il en riait de bon cœur, mais d'autres étaient si injurieux que ses amis s'en indignaient. Pour lui, il s'humiliait à la façon des saints. « De tout ce qu'ils débitent il n'y a pas un mot de vrai, disait-il ; mais s'ils savaient tout ce que j'ai fait, tout ce que je me reproche, ils en diraient bien davantage. Ils ont raison, et je suis un plus grand pécheur qu'ils ne pensent. »

Louise ne jouit point longtemps du bonheur de vivre auprès de son père ainsi transformé par la religion. Le maréchal était revenu à DIEU au printemps de 1853. Au printemps de 1854 il partait pour l'expédition d'Orient.

Cette fois, il faisait la guerre à la façon des croisés. L'image de MARIE, à qui il devait le repos et la foi de son âme, était arborée sur le vaisseau amiral, et les braves soldats de l'expédition allaient enfin trouver autour d'eux les secours et les consolations de la religion, trop longtemps refusés à leur foi.

La longue vie du maréchal fut couronnée par la brillante victoire de l'Alma, et sa courte vie chrétienne, dans laquelle en peu de temps il avait parcouru une longue carrière aussi, par la mort des saints.

Pauvre Louise ! que de larmes elle versa sur ce père tant aimé, et combien fut chrétienne et résignée sa profonde douleur ! Elle survécut peu de temps à une si cruelle perte : le 1er mai 1857 elle alla rejoindre au Ciel celui qu'elle avait si puissamment aidé à le conquérir. Elle ne croyait pas devoir suivre de si près son père tant aimé; mais l'appel d'en haut la trouva soumise et résolue comme le maréchal, dont elle était le portrait frappant au physique comme au moral.

*_**

Voici en quels termes éloquents Louis Veuillot annonça dans l'*Univers* la mort du héros chrétien, enseveli pour ainsi dire dans sa gloire :

« Une profonde affliction vient se mêler à la joie que répandent les nouvelles de Crimée. DIEU a pris une grande victime. Le héros de cette prodigieuse campagne a cessé de vivre. Les navires qui nous apportaient ses bulletins si vaillants et si pleins d'une ardeur guerrière sont suivis de celui qui nous ramène son corps inanimé Il décrivait la bataille comme il l'avait gagnée, du même souffle ardent et puissant, et c'était son dernier soupir. On le savait malade, affaibli, miné par de cruelles souffrances ; mais qui eût pensé que la mort était là si près, et qu'un homme pût à ce point la voir et l'oublier, ou plutôt lui commander d'attendre ?

» Il calculait ses approches ; il sentait ses étreintes ; à force de volonté, il lui arrachait quelques jours, quelques heures. Quels jours et quelles heures ! Les jours de l'arrivée en Crimée, les heures de la bataille de l'Alma ! C'est au dernier terme d'une maladie de langueur, lorsque la vie fuyait de ce corps épuisé et secoué par des crises terribles, comme l'eau fuit d'une main tremblante, c'est dans cet état qu'il organisait cette expédition incomparable, qu'il en bravait les périls, qu'il en surmontait les obstacles, qu'il plantait son drapeau sur le sol ennemi, qu'il restait douze heures à cheval, qu'il donnait à la France une victoire, qu'il dictait ces ordres du jour et ces rapports aussi beaux que son triomphe, qu'il investissait Sébastopol, qu'il disait à ses soldats : « Vous y serez bientôt ! »

» Il s'arrête là, aux portes de Sébastopol investi, au milieu de l'ennemi défait, comme s'il avait dit à la mort : « Maintenant tu peux venir ! »

» Une immense admiration tempère la douleur publique. On regrette le maréchal, on ne peut le plaindre. Cette fin est si belle après ce mâle combat contre la mort présente et inévitable, après ce grand service rendu à la civilisation, après ces récits héroïques ! Il meurt sous les regards du monde, frappant un de ces coups d'épée qui comptent dans la vie des empires ; trois nations inclinent sur sa tombe leurs drapeaux reconnaissants, et une quatrième, qui voulait, la veille encore, dominer toutes les autres, se souviendra de lui au jour qui marque le déclin de ses destinées. Entre la Turquie qui se relève pour affranchir l'Église et la Russie qui s'écroule pour la délivrer, sur ces flots qui furent aussi son champ de bataille et dont les caprices terribles n'ont pas étonné son courage, il meurt dans un des plus vastes linceuls où la victoire ait enveloppé ses favoris.

» C'est assez pour la gloire humaine, et ceux qui n'en

connaissent et n'en désirent point d'autre, peuvent trouver que le maréchal de Saint-Arnaud en a été comblé.

» Mais son âme était plus grande et ses désirs plus hauts ; et, en le retirant pour quelques heures des soucis du commandement et du bruit des armes, la Providence lui a donné ce que sans doute il lui demandait : le temps d'humilier son cœur.

» Ce grand général était un humble et fervent chrétien... L'empire était proclamé et établi. Saint-Arnaud, maréchal de France, ministre, grand écuyer de l'empereur, au faîte et dans l'enivrement dangereux de toutes les prospérités, se tourna vers DIEU, non pour obtenir la santé, mais pour mourir en chrétien.

» Il avait une de ces natures sincères et franches qui ne fuient pas la vérité lorsqu'elles la voient, et qui ne craignent pas de la suivre.

» C'était durant son séjour à Hyères. Il fit venir chez lui le digne curé de cette ville, et, sans chercher de circonlocutions ni de détours, devant tous ceux qui étaient là, il lui dit simplement qu'il voulait se confesser. Le bon prêtre, surpris, tombe à genoux et rend grâces à DIEU, qui daigne ainsi parler au cœur des puissants du monde. Le maréchal, trop malade encore pour quitter sa chambre, fit ses Pâques chez lui, sans mystère, en présence de ses officiers, de toute sa maison, faisant venir jusqu'au soldat qui était de planton à sa porte.

» Tel il avait été dans cette occasion, tel il continua d'être. Guéri contre toute attente, rendu aux affaires, il ne négligea plus ses devoirs de chrétien ; il les remplit désormais comme il faut les remplir dans ces hautes situations où l'homme a, de plus que le commun des fidèles, le devoir de l'exemple.

» Lorsque l'expédition d'Orient fut décidée et que l'empereur lui en eut donné le commandement, sa première pensée fut l'âme de ses soldats. On ne lira pas sans émotion la lettre suivante, écrite par lui à un illustre religieux, son ami, qui avait cru devoir lui adresser quelques recommandations à ce sujet :

« Paris, 6 mars.

» Mon Révérend Père,

» Comment avez-vous pu penser un instant que je négli-
gerais d'entourer les braves soldats de l'armée d'Orient de
tous les secours et de toutes les consolations de la religion ?

» L'aumônerie de l'armée est formée. Je me suis entendu
avec le digne abbé Coquereau, qui a mis sur un pied si respectable l'aumônerie de la flotte. Il y a un aumônier par division,
par hôpital, et deux aumôniers en chef au quartier général.

» Je suis débordé par la besogne, et je soigne ma santé
pour pouvoir faire vigoureusement la guerre aux Russes.
J'aurai bien besoin de vos prières, mon Père ; sans l'aide de
Dieu on ne fait rien, et je mets ma confiance dans sa miséricorde et dans la protection qu'il accorde à la France.
Je compte, avant mon départ, remplir mes devoirs de
chrétien.... »

» Ces sentiments éclatent avec la même force dans une
lettre écrite de Marseille le 25 avril :

« — J'arrive de Toulon, où j'ai vu avec bien du plaisir le
respectable curé-doyen d'Hyères. Nous avons longtemps et
sérieusement causé. Il m'a aussi promis ses prières. Vous êtes
assez bon pour me promettre les vôtres. Tous ces vœux ne
peuvent manquer d'être agréables à Dieu, que je prie moi-
même avec tant de foi et de ferveur. Je pars avec une confiance entière. Il est impossible que Dieu ne protège pas la
France dans une circonstance aussi grave, aussi solennelle.

» Je suis convaincu que tout le monde fera son devoir,
plus même que son devoir, et nous combattons pour une
juste cause.

» Espérons donc, mon Révérend Père, et donnez-moi votre
bénédiction. »

» Citons encore une de ces admirables lettres où l'homme
de guerre et le chrétien paraissent tout entiers dans leur simplicité et dans leur grandeur :

« Au quartier général, à Old-Ford (Crimée),
18 septembre 1854.

» J'ai reçu ce matin même votre bonne lettre datée du 20
août, et je ne perds pas un instant pour vous remercier de
vos vœux chrétiens et de vos prières. Elles ont été écoutées
du Très-Haut. Depuis le 14, je suis débarqué heureusement
en Crimée avec l'armée, qui est superbe et dans les meilleures dispositions. Le débarquement s'est fait au cri répété de
Vive l'Empereur ! et c'est à ce même cri que nous briserons
demain les colonnes russes qui nous attendent à l'Alma et qui
ne m'empêcheront pas de m'établir sous Sébastopol le 22
ou le 23 au plus tard.

» Je presse les opérations autant que possible, car ma
santé est bien mauvaise, et je prie DIEU de me donner des
forces jusqu'au bout...

» Adieu, mon Révérend Père ; priez pour nous, et croyez
à mes sentiments de respectueuse affection.

» Maréchal A. DE SAINT-ARNAUD. »

» Que pourrions-nous ajouter qui fût digne de nos respects,
de notre admiration, de nos regrets, de nos espérances ? Il
n'est plus, mais il a servi son pays et honoré DIEU ; ses œuvres lui ouvrent la porte de l'histoire, et sa foi celle de l'éternité. »

Les personnes qui ensevelirent la dépouille mortelle du
maréchal de Saint-Arnaud trouvèrent sur la poitrine de
l'héroïque soldat une médaille miraculeuse et le scapulaire de
la Vierge.

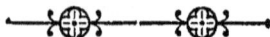

LE P. LACORDAIRE.

(1802 – 1861.)

LACORDAIRE fut le plus grand orateur de ce siècle. « Il n'en est aucun, a dit Sainte-Beuve, qui, par la hardiesse des vues et l'essor des idées, par la nouveauté et souvent le bonheur de l'expression, par la vivacité et l'imprévu des mouvements, par l'éclat et l'ardeur de la parole, par l'imagination et même la poésie qui s'y mêle, puisse se comparer au Père Lacordaire. »

Henri Lacordaire, né en Bourgogne en 1802, était fils d'un médecin. Il était à peine âgé de quatre ans lorsqu'il perdit son père. Par bonheur une mère chrétienne lui restait.

Voici comment il a raconté lui-même les premiers souvenirs de son enfance.

***

« Mes souvenirs personnels commencent à se débrouiller vers l'âge de sept ans.

» Deux actes ont gravé cette époque dans ma mémoire : ma mère m'introduisit alors dans une petite école pour y commencer mes études classiques, et elle me conduisit près du curé de sa paroisse pour y faire mes premiers aveux.

» Je traversai le sanctuaire et je trouvai seul, dans une vaste et belle sacristie, un vénérable vieillard, doux et bienveillant. C'était la première fois que je m'approchais du prêtre ; je ne l'avais vu jusque-là qu'à l'autel, à travers les pompes et l'encens. M. l'abbé Deschamps, c'était son nom, s'assit sur un banc et me fit mettre à genoux près de lui. J'ignore ce que je lui dis et ce qu'il me dit lui-même ; mais le souvenir de cette première entrevue entre mon âme et le représentant de DIEU me laissa une impression pure et profonde.

» Je ne suis jamais rentré dans la sacristie de Saint-Michel de Dijon, je n'en ai jamais respiré l'air, sans que ma première confession ne me soit apparue sous la forme de ce beau vieil lard et de l'ingénuité de mon enfance. L'église tout entière de Saint-Michel a, du reste, participé à ce culte pieux, et je ne l'ai jamais revue sans une certaine émotion, qu'aucune église n'a pu m'inspirer depuis.

» Ma mère, Saint-Michel et ma religion naissante font dans mon âme une sorte d'édifice, le premier, le plus touchant et le plus durable de tous.

***

» A dix ans, ma mère obtint pour moi une demi-bourse au lycée de Dijon. J'y entrai trois mois avant la fin de l'année scolaire (1812).

» Là, pour la première fois, la main de la douleur vint me saisir, et, en se révélant à moi, me tourner vers Dieu par un mouvement plus affectueux, plus grave et plus décisif.

» Mes camarades, dès le premier jour, me prirent comme une sorte de jouet et de victime. Je ne pouvais faire un pas sans que leur brutalité ne trouvât le secret de m'atteindre. Pendant plusieurs semaines, je fus même privé par violence de toute autre nourriture que ma soupe et mon pain.

» Pour échapper à ces mauvais traitements, je gagnais pendant les récréations, quand cela m'était possible, la salle d'étude, et je m'y dérobais, sous un banc, à la recherche de mes maîtres ou de mes condisciples. Là, seul, sans protection, abandonné de tous, je répandais devant Dieu des larmes religieuses, lui offrant mes souffrances précoces comme un sacrifice, et m'élevant vers la Croix de son Fils par une union très tendre.

» Élevé par une mère chrétienne, courageuse et forte, la religion avait passé de son sein dans le mien comme un lait vierge et sans amertume. La souffrance transformait cette liqueur précieuse en un sang déjà mâle qui me la rendait propre, et faisait d'un enfant une sorte de martyr. Mon supplice cessa aux vacances et à la rentrée scolaire, soit qu'on fût las de me poursuivre, soit que peut-être j'eusse mérité ce pardon par une moindre innocence et une moindre candeur.

» En même temps arrivait au lycée un jeune homme de vingt-quatre à vingt-cinq ans, qui sortait de l'École Normale, d'où il était appelé pour diriger une classe élémentaire. Bien que je ne fusse pas de ses élèves, il me rencontra et me prit en affection. Il habitait deux chambres isolées dans un coin de l'établissement ; on me permit d'aller y travailler sous sa garde pendant une partie des études.

» Là, durant trois années, il me prodigua gratuitement les soins littéraires les plus assidus. Quoique je ne fusse qu'un écolier de sixième, il me faisait lire beaucoup et apprendre par cœur, d'un bout à l'autre, des tragédies de Racine et de Voltaire, qu'il avait la patience de me faire réciter.

» Ami des lettres, il cherchait à m'en inspirer le goût ; homme de droiture et d'honneur, il travaillait à me rendre doux, chaste, sincère et généreux, et à dompter l'effervescence d'une nature peu docile.

» La religion lui était étrangère : il ne m'en parlait jamais, et je gardais le même silence à son égard. Si ce don précieux ne lui eût pas fait défaut, il eût été pour moi le conservateur de mon âme, comme il fut le bon génie de mon intelligence ; mais Dieu, qui me l'avait envoyé comme un second père et un véritable maître, voulait, par une permission de sa Providence, que je descendisse dans les abîmes de l'incrédulité pour mieux connaître un jour le pôle éclatant de la lumière révélée.

» M. Delahaye, mon vénérable maître, me laissa donc suivre la pente qui emportait mes condisciples loin de toute foi religieuse, mais il me retint sur les foyers élevés de la littérature et de l'honneur, où lui-même avait assis sa vie.

» Les événements de 1815 me le ravirent prématurément. Il entra dans la magistrature. J'ai toujours associé son souvenir à tout ce qui m'est arrivé d'heureux. »

***

Lacordaire perdit vite les croyances sacrées de son enfance. « J'avais fait ma première Communion, dit-il, dès l'année

1814, à l'âge de douze ans ; ce fut *ma dernière joie religieuse*
ainsi que le dernier coup de soleil de l'âme de ma mère
sur la mienne.

» Bientôt les ombres s'épaissirent autour de moi ; une nuit
froide m'entoura de toutes parts, et je ne reçus plus de Dieu
dans ma conscience aucun signe de vie. »

Quelle mère, s'écrie un illustre écrivain, quelle mère ne
frémirait en lisant cette parole ? La première Communion,
qui doit être le prélude de toute une vie nouvelle d'innocence
et de bonheur chrétien, fut *sa dernière joie religieuse !* Et, au
lieu des douces splendeurs de l'âme qui brillent alors sur le
front de l'enfant pour connaître toujours, c'est tout à coup la
nuit glacée, presque semblable à celle que l'infortuné Jouf-
froy a décrite d'une manière si saisissante en parlant de lui-
même et de la philosophie dont il fut la victime !

« Élève médiocre, poursuit le P. Lacordaire, aucun succès
ne signala le cours de mes études ; mon intelligence s'était
baissée en même temps que mes mœurs, et je marchais dans
cette voie de dégradation qui est le châtiment de l'incroyance
et le grand revers de la raison. Mais tout à coup, en rhéto-
rique, les germes littéraires que M. Delahaye avait déposés
dans mon esprit se prirent à éclore, et des couronnes sans
nombre vinrent, à la fin de l'année, éveiller mon orgueil,
bien plus que récompenser mon travail. Un cours de philosophie pauvre, sans étendue et sans profondeur, termina le
cours de mes études classiques.

***

» En entrant à l'école de droit de Dijon, je retrouvai la
petite maison de ma mère et le charme infini de la vie domestique tendre et modeste. Il n'y avait dans cette maison rien
de superflu, mais une simplicité sévère, une économie arrêtée
à point, le parfum d'un âge qui n'était plus le nôtre, et quelque chose de sacré qui tenait aux vertus d'une veuve, mère
de quatre enfants, les voyant autour d'elle adolescents déjà,
et pouvant même espérer qu'elle laisserait derrière elle une

génération d'honnêtes gens et peut-être d'hommes distingués. Seulement un nuage de tristesse traversait le cœur de cette femme bénie lorsqu'elle songeait qu'elle n'avait plus autour d'elle un seul chrétien, et qu'aucun de ses enfants ne pouvait l'accompagner aux sacrés mystères de la religion.

» Heureusement, parmi les deux cents étudiants qui fréquentaient l'école de droit, il s'en rencontrait une dizaine dont l'intelligence pénétrait plus avant que le Code civil, qui voulaient être autre chose que des avocats du mur mitoyen, et pour qui la patrie, l'éloquence, la gloire, les vertus civiques, étaient un mobile plus actif que les chances d'une fortune vulgaire. Ils se reconnurent bien vite par cette sympathie mystérieuse qui, si elle réunit le vice au vice et la médiocrité à la médiocrité, appelle aussi au même foyer les âmes venues de plus haut et tendent à un but meilleur.

» Presque tous ces jeunes gens devaient au christianisme leur supériorité naturelle ; ils voulurent bien, quoique je n'eusse pas leur foi, me connaître comme l'un d'entre eux, et bientôt des réunions intimes ou de longues promenades nous mirent en présence des plus hauts problèmes de la philosophie, de la politique et de la religion. Je négligeai naturellement l'étude du droit positif, entraîné que j'étais par ce mouvement d'intelligence d'un ordre supérieur, et je fus un médiocre étudiant en droit comme j'avais été un médiocre élève de collège. »

Cependant, au milieu de ces travaux, la foi religieuse manquait toujours au jeune étudiant.

« J'aime l'Évangile, disait-il alors, parce que la morale en est ineffable ; je respecte ses ministres, parce que l'influence qu'ils exercent est salutaire à la société ; mais la foi ne m'a pas été donnée en partage.

» Je sortis du collège à l'âge de dix-sept ans avec une religion détruite et des mœurs menacées, mais honnête, ouvert, impétueux, sensible à l'honneur, ami des belles-lettres et des belles choses, ayant devant moi le flambeau de ma vie, l'idéal humain de la gloire. Ce résultat s'explique facilement. *Rien n'avait soutenu notre foi* dans une éducation où la parole divine ne rendait parmi nous qu'un son obscur, sans suite et sans éloquence, tandis que nous vivions tous les jours avec les chefs-d'œuvre et les exemples d'héroïsme de l'antiquité.

» Le vieux monde, présenté à nos yeux en ses côtés sublimes, nous avait enflammés de ses vertus ; le monde nouveau, créé par l'Évangile, nous était demeuré comme étranger. Ses grands hommes, ses saints, sa civilisation, sa supériorité morale et civile, le progrès enfin de l'humanité sous le signe de la Croix, nous avait échappé totalement. L'histoire même de la patrie, à peine entrevue, nous avait laissés insensibles, et nous étions Français par la naissance sans l'être par notre âme. »

⁎

Lacordaire avait terminé ses études de droit en 1822. Le jeune avocat vint faire son stage au barreau de Paris.

C'est là qu'il commença à se faire remarquer comme orateur. Berryer, bon juge en cette matière, l'ayant entendu, lui assura qu'il pouvait se placer au premier rang du barreau ; et le président Séguier dit de lui : « Messieurs, ce n'est pas Patru, c'est Bossuet. »

Mais la nuit froide l'entourait toujours de toutes parts. Son protecteur, se méprenant sur ses dispositions, lui parla d'un confesseur : « Un confesseur à moi ? répondit-il. Oh ! non. Je ne vais pas à confesse, et la raison en est que je ne crois pas. Si j'avais le bonheur de croire, j'irais à confesse ; mais je ne dois pas y aller, puisque je ne crois pas. »

Écoutons-le nous raconter lui-même les premières années de son séjour à Paris :

« Le droit fini, ma mère, malgré son état très gêné de fortune, songea à me faire faire mon stage au barreau de Paris. Elle y était poussée par ses espérances maternelles sur moi ; mais Dieu avait d'autres desseins, et elle m'envoyait, sans le savoir, aux portes de l'éternité.

» Paris ne m'éblouit point. Accoutumé à une vie laborieuse, exacte et honnête, j'y vécus comme je venais de vivre à Dijon, avec cette douloureuse différence que je n'avais plus autour de moi ni condisciples ni amis, mais une solitude vaste et profonde, où personne ne se souciait de moi, et où mon âme se replia sur elle-même sans y trouver DIEU ni aucun dogme, mais l'orgueil vivant d'une gloire espérée.

» C'est donc dans cet état d'isolement et de mélancolie intérieure que DIEU vint me chercher. Aucun livre, aucun homme ne fut son instrument près de moi... Après dix-huit mois, j'étais seul comme le premier jour, étranger dès lors à tout parti, sans force qui me portât, sans influence qui éclairât mon esprit, sans amitié qui me soutînt, sans foyer domestique qui me donnât le matin la perspective des joies du soir. Je devais souffrir sans doute d'un isolement si dur et si complet, mais il entrait dans les voies de DIEU sur moi ; je traversai péniblement ce désert de ma jeunesse, ne sachant pas qu'il aurait son Sinaï, ses éclairs et sa goutte d'eau. »

Pendant deux années, ces tristesses grandirent dans son âme et achevèrent de la purifier.

Trois mois avant son adieu au monde, il écrivait : « Ils me prédisent tous un bel avenir, et cependant je suis quelquefois fatigué de la vie. Je ne peux plus jouir de rien : la société a peu de charmes pour moi ; les spectacles m'ennuient ; je deviens négatif dans l'ordre matériel. Je n'ai plus que des jouissances d'amour-propre ; je vis de cela, et encore je commence à m'en dégoûter. J'éprouve chaque jour que tout est vain. Je ne veux plus laisser mon cœur dans ce tas de boue... *Oui, je crois !* D'où vient que mes amis ne me comprennent pas ? D'où vient qu'ils doutent et se moquent de ma conversion religieuse ? Serais-je donc le seul de bonne foi, puisque personne ne me comprend ? »

Un jour un de ses collègues vint le voir. Il était seul, assis à son bureau, la tête entre ses mains ; sur sa table, pas une feuille de papier.

« — Henri, lui dit-il, vous êtes triste ; vous connaissez mon dévouement ; je ne vous demande pas votre secret, mon amitié ne veut aller qu'au-devant de vos désirs.

» — Je vous remercie, répondit Henri Lacordaire, mais permettez-moi de ne vous rien dire encore. Le projet que je médite n'est pas parfaitement arrêté dans mon esprit. S'il aboutit, je vous promets que vous serez des premiers à le savoir. »

Peu de temps après, le jeune avocat reçut la visite de Henri.

« — Eh bien ! lui dit-il, mon parti est pris : j'entre au séminaire. »

A ces mots, la première pensée de l'interlocuteur fut de se demander si, dans la tête ardente de son ami, l'imagination n'avait pas dérangé la raison.

Henri se mit alors à lui raconter comment l'évidence historique et sociale du christianisme le ramenait à la foi de sa mère et de son enfance. Une lumière intérieure et une secrète impulsion, que la grâce de DIEU peut seule donner, achevaient l'œuvre : il était le vaincu de DIEU.

**

La vérité une fois connue, Lacordaire se hâte de mettre un abîme entre le monde et lui ; ce n'est pas assez pour lui d'être le disciple de l'Église, il veut en être l'apôtre.

« Il vit dans le monde un grand malade, et il pensa disent ses *Mémoires*, qu'il n'y avait rien de comparable au bonheur de le guérir, de le servir avec l'Évangile et la Croix de Jésus-Christ. Un désir ardent du sacerdoce, vif, irréfléchi, mais inébranlable, s'empara de lui : il voulut être prêtre.»

Avant d'entrer au séminaire, il voulut prévenir sa mère et avoir son consentement. Il prévoyait combien cette nouvelle allait contrister son cœur tout en réjouissant sa foi. « Me savoir chrétien, dit-il, devait être pour elle une ineffable consolation ; me savoir au séminaire devait l'accabler d'une douleur d'autant plus cruelle que j'étais l'objet de sa prédilection, et qu'elle avait toujours compté sur moi pour la douceur de ses vieux jours. Elle m'écrivit six lettres où respirait ce combat entre sa tristesse et sa joie. Me voyant inébranlable, elle consentit enfin à ce que je quittasse le monde. »

Le jeune converti fut présenté à Mgr de Quélen. « Soyez le bienvenu, lui dit le vénérable prélat en lui tendant la main ; vous défendiez au barreau des causes d'un intérêt périssable, vous allez en défendre une dont la justice est éternelle. Vous la verrez bien diversement jugée parmi les hommes ; mais il y a là-haut un tribunal de cassation où nous la gagnerons définitivement. »

L'avocat entra donc au séminaire de Saint-Sulpice le 12 mai 1824, jour anniversaire de sa naissance et de son baptême. Il avait vingt-trois ans.

Le 25 septembre 1827, il pouvait écrire à ses amis : « Je suis prêtre depuis trois jours et pour l'éternité. »

**

Nous ne suivrons pas Lacordaire dans les diverses phases de sa carrière de prêtre, de journaliste, de prédicateur, de religieux, d'écrivain, de député, d'académicien, d'instituteur de la jeunesse.

Mais nous citerons ici la page éloquente où il rappelle les principales circonstances de sa vie, en terminant ses conférences à Notre-Dame de Paris.

« Messieurs, s'écriait-il, c'est ici, quand mon âme se fut réouverte à la lumière de DIEU, que le pardon descendit sur mes fautes ; et j'entrevois l'autel où, sur mes lèvres fortifiées par l'âge et purifiées par le repentir, je reçus pour la seconde fois le DIEU qui m'avait visité à l'aurore naissante de mon adolescence.

» C'est ici que, couché sur le parvis du temple, je m'élevai par degrés jusqu'à l'onction du sacerdoce, et qu'après de longs détours où je cherchais le secret de ma prédestination, il me fut révélé dans cette chaire que, depuis dix-sept ans, vous avez entourée de silence et d'honneur.

» C'est ici qu'au retour d'un exil volontaire je rapportai l'habit religieux qu'un demi-siècle de proscription avait chassé de Paris, et que, le présentant à une assemblée formidable par le nombre et la diversité des personnes, il obtint le triomphe d'un unanime respect.

» C'est ici qu'au lendemain d'une révolution, lorsque nos places étaient encore couvertes des débris du trône et des images de la guerre, vous vîntes écouter de ma bouche la parole qui survit à toutes les ruines, et qui ce jour-là, soutenue d'une émotion dont nul ne se défendait, fut saluée de vos applaudissements.

» C'est ici, sous les dalles voisines de l'autel, que reposent mes deux archevêques, celui qui m'appela tout jeune à l'honneur de vous enseigner, et celui qui m'y rappela après qu'une défiance de mes forces m'eut éloigné de vous.

» C'est ici, sur ce même siège archiépiscopal, que j'ai retrouvé dans un troisième pontife le même cœur et la même protection.

» Enfin, c'est ici qu'ont pris naissance toutes les affections qui ont consolé ma vie, et qu'homme solitaire, inconnu des grands, éloigné des partis, étranger aux lieux où se presse la foule et se nouent les relations, j'ai rencontré les âmes qui m'ont aimé... »

Lorsqu'en 1840 l'abbé Lacordaire entra dans l'Ordre des Frères Prêcheurs, il s'écriait : « L'idée seule de sacrifier ma liberté à une règle et à des supérieurs m'épouvante. Fils d'un siècle qui ne sait guère obéir, l'indépendance a été ma couche et mon guide.. Tandis qu'il ne m'en a rien coûté de quitter le monde pour le sacerdoce, il m'en coûte d'ajouter au sacerdoce le poids de la vie religieuse. Toutefois, une fois mon consentement donné, je ne sens ni faiblesse ni repentir, et je marche courageusement au devant des épreuves qui m'attendent. »

Vingt-et-un ans après, le 21 novembre 1861, lorsque le grand orateur, consolé par les secours de la religion et entouré de ses enfants spirituels, s'apprêtait à aller recevoir sa récompense, il leva ses bras épuisés vers le Ciel et il s'écria : « Mon DIEU, mon DIEU, ouvrez-moi, ouvrez-moi ! »

HORACE VERNET.

(1789 – 1863.)

HORACE Vernet est l'un des peintres les plus illustres du XIXe siècle.

En 1826, il fut élu membre de l'Académie des Beaux-Arts, et, deux ans après, il fut nommé directeur de l'École de Rome.

Il vécut longtemps dans une funeste indifférence ; mais il n'attendit pas l'heure de la mort pour revenir à la pratique de ses devoirs religieux.

Voici comment le célèbre artiste revint au DIEU de sa première enfance.

En 1853, Horace Vernet, étant à Alger, eut l'heureuse occasion de rencontrer le R. P. Dom François Régis, abbé de la Trappe de Staouëli.

Le P. Régis passait sur la place du Gouvernement lorsqu'il vit venir à lui le général Randon, gouverneur de l'Algérie, suivi du général Yusuf et d'un étranger que le Père ne connaissait pas. Cet étranger était Horace Vernet. Présenté au religieux par le gouverneur, il dit gracieusement :

« — Mon Père, je suis parti de Paris avec l'intention d'aller vous voir à Staouëli.

» — Et moi, ajouta Yusuf, je cherchais l'occasion de vous connaître. Nous irons vous visiter. »

Quelques jours après on vint avertir le P. Régis qu'un étranger demandait à lui parler. L'abbé se trouvait alors dans les champs. S'empressant de retourner au monastère, il vit venir au-devant de lui un beau chien qui, le nez au vent, précédait un chasseur équipé de neuf avec buffleterie et magnifique havresac en bandoulière :

« — Me reconnaissez-vous ? dit Horace Vernet en se présentant.

» — Mais oui, Monsieur, répondit l'abbé avec une parfaite courtoisie, et je suis fier que vous n'ayez pas oubli

l'engagement que vous avez bien voulu prendre envers
moi. »

Aussitôt, s'offrant à lui servir de guide, le bon Père lui fit
parcourir le monastère et ses alentours. La visite terminée,
on continua la promenade dans la campage. Le grand artiste

Horace Vernet.

avait pris le bras du religieux, et, peu à peu, s'ouvrant à la
confiance, lui dévoilait les préoccupations douloureuses qui
agitaient son cœur.

François Régis l'écouta d'abord avec étonnement, admirant
l'abandon plein de franchise et de vivacité de ce premier
entretien. Bientôt cette confiance sans réserve le toucha, et

il eut la pensée d'en user discrètement pour le bien du nouvel ami qui se jetait dans ses bras.

« — Monsieur, dit-il tout à coup, comme frappé par une idée lumineuse, nous sommes à la veille du dimanche des Rameaux. Vous avez déjà fait les deux tiers de ce qu'on a coutume de faire à cette époque de l'année... Il ne vous reste plus qu'à vous incliner pour dire : *Benedic mihi, Pater.*»

La brusquerie de ce dénouement ne devait pas déplaire à Vernet, dont l'imagination prompte et le caractère résolu s'accommodaient peu des prudentes transitions de la timidité.

« — Eh bien ! mon Père, répondit-il avec une simplicité d'enfant, si vous le voulez, j'y consens.

» — N'allons pas si vite en besogne, reprit le Père avec son aimable familiarité... Je vous laisse ce soir à vos graves pensées et je retourne à mes affaires. »

Et il s'engagea dans le chemin qui conduisait à l'abbaye. Le soleil se couchait, et de la mer s'élevait une vapeur légère qui couvrait le rivage d'un voile transparent.

Le bon Père s'en retournait lentement, joyeux au fond de son cœur du succès inattendu que Dieu accordait à son zèle. Il regardait derrière lui de temps en temps pour voir ce que faisait Horace Vernet. Le peintre était assis sur une pierre, la tête dans ses mains, immobile, ayant la mer à ses pieds, et disparaissant à moitié dans la brume du soir.

Cette méditation solitaire dura jusqu'à la nuit. En rentrant à la Trappe il se présenta au Père abbé : « Me voici, s'écriat-il, faites de moi ce que vous voudrez. »

Donc, François Régis, qui désirait retenir son illustre néophyte pour donner à cette conversion des bases solides et durables, l'engagea à remettre sa confession au lendemain.

Quoique Vernet fût venu dans la pensée de faire une simple partie de chasse, il n'hésita pas cependant à accepter l'invitation du Père abbé.

Le lendemain, il assista à la messe, et sortit de l'église tout ému de la solennelle attitude des religieux au chœur, de la majestueuse lenteur de leurs chants, de leur air pieux et recueilli. Après s'être agenouillé aux pieds de son confesseur il ne songea plus à rentrer à Alger et accepta avec ravissement la proposition de passer toute la Semaine-Sainte à Staouëli, pour se préparer dans la retraite à accomplir son devoir pascal.

Pendant ces huit jours, tout entier à de pieux exercices, il oublia ses amis d'Alger, qui s'inquiétaient de sa disparition. Toute la colonie se demandait ce qu'était devenu le joyeux et aimable causeur que la société algérienne se disputait. Quand on apprit qu'il vivait à la Trappe avec toute la régularité d'un religieux, ce ne fut qu'un cri de surprise et d'incrédulité.

Peu préoccupé de l'émotion dont il était la cause involontaire, Horace Vernet se disposait à faire ses Pâques, édifiant les habitants du monastère par son ardente piété.

La veille du grand jour, ne pouvant presque pas croire au bonheur qu'il éprouvait : « Je veux, dit-il au Père Régis, offrir à DIEU tous les *colifichets* que j'ai reçus et sanctifier ainsi cette vaine gloire de l'homme. »

Sur son ordre, on apporta d'Alger l'écrin qui renfermait les plaques et les croix des divers Ordres dont il avait été décoré...Il les étala sur sa poitrine, qui en fut couverte, prétendant en faire hommage au DIEU de l'Eucharistie.

Lorsqu'il se leva pour aller communier, des larmes de délicieuse émotion tombaient de ses yeux. Le soir même, on lui permit, sur ses instances, de s'asseoir à la table commune, à côté du Père abbé, et de prendre part au maigre repas de la communauté.

Il partit ensuite et, en quittant la maison saintement hospitalière où son cœur avait retrouvé la paix, il dit avec émotion aux religieux qui l'accompagnaient : « Ce jour est le plus beau de ma vie. »

Depuis ce jour jusqu'à sa mort, Horace Vernet remplit exactement ses devoirs de chrétien. Chaque fois qu'il rencontrait le P. Régis, il se confessait et communiait ; en son absence, il s'adressait au curé de Saint-Germain-des-Prés, sa paroisse. Il mourut avec les sentiments de foi et de piété dans lesquels il avait passé les dix dernières années de sa vie. (*Vie de Dom François Régis, fondateur et premier abbé de N.-D. de Staouëli*, par l'abbé BERSANGE.)

On sait que parmi les grandes toiles patriotiques qui ont illustré Horace Vernet, il en est une qu'il considérait avec plus de complaisance. C'était sa *Messe militaire* dans les montagnes de Kabylie, où le P. Régis est représenté au moment de l'élévation de l'Hostie. « Ce tableau, disait Vernet, faisant allusion aux souvenirs de sa communion à Staouëli, ce tableau, je l'ai fait avec le cœur. »

LA MORICIÈRE.

(1806 – 1865.)

Louis-Christophe-Léon de La Moricière naquit à Nantes le 5 février 1806.

L'Église venait de lui ouvrir son sein ; il fallait, dit Mgr Freppel, lui nommer des patrons ; on en choisit trois dont les noms étaient comme des prédictions : *Christophe*, porte-CHRIST, défenseur du CHRIST; *Louis*, administrateur, guerrier, tenant l'épée d'une main ferme et combattant vaillamment contre les ennemis de l'Église. Le dernier était un grand Pape, saint *Léon*, qui eut à soutenir des luttes terribles sous les murs de cette ville de Rome que lui-même, Léon de La Moricière, devait être appelé à défendre aussi un jour.

Et comme si tout pouvait être regardé comme un symbole, l'écusson lui-même de sa famille devait tracer un jour à ce rejeton le chemin de la foi et de l'honneur : *Spes mea DEUS!* Mon espoir est en DIEU! Noble cri de guerre qui sera bientôt justifié.

Le jeune Léon, qui fut plus tard général, était ardent aux jeux de son âge. On le voyait cherchant les enfants du voisinage pour les ranger en bataille, ou courant à cheval sur un petit poney de Noirmoutiers. Rien ne pouvait l'arracher à ces ébats si ce n'est la vue d'un pauvre ; alors il demandait quelques sous à sa bonne, ou allait furtivement à la cuisine y détacher des mets ou un gibier pour les porter au mendiant.

Son père prit soin de lui donner une sérieuse instruction religieuse. Dès l'âge de quinze ans, Léon eut le malheur de le perdre. « L'entourage qui lui restait, écrit M. Keller, devait agir sur lui suffisamment pour ébranler momentanément sa foi, mais pas assez pour ôter à cette âme ardente la soif de la vertu. »

Sa famille le destina au métier des armes. Il entra brillamment à l'école polytechnique en 1826. Ses études terminées, il reçoit en 1829 le brevet de lieutenant de génie. L'expé-

La Moricière.

dition d'Alger se prépare ; le jeune officier s'embarque, entraîné invinciblement vers cette terre d'Afrique où il doit
trouver tant de gloire.

Sa première joie militaire fut la *prise d'Alger*, cette cité
réputée imprenable, contre laquelle avaient échoué Charles-
Quint et la Grande-Bretagne, et qui, au bout de quinze jours
à peine depuis le débarquement, devenait une *terre française*,
grâce à la bravoure de nos soldats. Ce fut La Moricière qui,
en récompense de son courage héroïque, fut chargé d'arborer
le drapeau français sur la Casbah ou château du dey.

Il devint capitaine le 1er novembre 1830. — En 1831 il
fut chargé d'organiser le corps des zouaves, auquel il donna
toute sa valeur. Il était colonel de ses chers zouaves lorsque
l'assaut fut donné à Constantine.

« — Si la moitié de vos hommes tombent sur la brèche,
avait demandé le général en chef, les autres tiendront-ils ?

» — J'en réponds.

» — Eh bien ! vous aurez le commandement de la première colonne. »

L'événement prouva qu'il avait dit vrai. Constantine fut
prise. La Moricière, blessé d'un coup de feu, brûlé aux mains
et au visage, vit apporter sur son lit le grand drapeau rouge
pris sur la brèche.

En 1839 il fut chargé du commandement de la province
d'Oran : c'était le poste le plus important d'Algérie, à cause
des opérations qui allaient s'exécuter.

A la même époque débarquait à Oran un Jésuite, le
P. Pascalin, que ses Supérieurs destinaient à établir une
maison dans cette ville. Le religieux alla offrir ses services au commandant. Le titre de Jésuite, qui soulevait alors
de si étranges préventions, pouvait faire craindre des tracas-
series de la part du gouvernement. La Moricière ne s'en
préoccupa point : « Jésuite ou non, dit-il au P. Pascalin en
lui serrant la main, que m'importe ! Vous êtes un brave,
nous nous entendrons toujours. Allez en avant. Si l'on vous
entrave, je serais derrière vous pour vous épauler. »

Il fut, en effet, accusé à la Chambre des députés.

Enfin, l'œuvre du brave général fut couronnée de succès, après cinq années de luttes, par la prise d'Abd-el-Kader, qui ne voulut remettre son épée qu'entre les mains de son intrépide vainqueur.

*
* *

La Moricière fut élu député de Saint-Calais en 1846; il combattit les insurgés de Paris en 1848, lutta durant les journées de juin et fut ministre de la guerre jusqu'à l'élection du Président. Arrêté au coup d'État, le 2 décembre 1851, il subit à Mazas et au fort de Ham une dure captivité, puis il fut envoyé en exil. L'heure fixée par DIEU pour parler à cette âme d'élite était venue.

C'est Mgr Dupanloup qui nous racontera les salutaires épreuves de notre héros.

« La carrière militaire du général La Moricière, vouée en Afrique au triomphe de la civilisation, à Paris au salut de la société, ne se termine point sur les barricades du faubourg Saint-Antoine, mais c'est là que se terminent ses victoires et que pour lui commence, avec ses défaites et ses malheurs, une grandeur nouvelle. Il va descendre aux yeux des hommes et grandir aux yeux de DIEU. Il n'ira plus à la tête des bataillons généreux attaquer des ennemis en face. Il va se présenter seul et désarmé devant les coups de l'infortune et la vaincra.

» Tout à coup, en une nuit, tout tombe, tout est emporté, et La Moricière, ce grand serviteur de la France, sans avoir failli au pays, sans avoir rien renié ou trahi, est arrêté dans son lit, jeté dans une prison, et d'une prison dans l'exil ; et un soir il arrive comme un voyageur inconnu dans un hôtel de Bruxelles, ayant choisi pour refuge un endroit où du moins ses oreilles pouvaient encore entendre la langue de son pays. Sa vie militaire avait duré dix-huit ans ; sa vie politique quatre ans ; sa vie proscrite allait durer seize ans.

» Oui, mais La Moricière, malheureux et vaincu, se montre là plus noble encore que dans cette première et brillante partie de sa vie où nous le voyons tendre pour ainsi dire toutes ses voiles au vent de la fortune, qui les enfle et les conduit.

» Le divin Maître saisit à la fois cette âme généreuse par ce qu'elle a de plus fort et de plus tendre.

» Il lui apparut d'abord sous les traits de sa femme et de ses filles, et dans les souvenirs de la mère incomparable à qui il devait sa femme et ses filles. Puis il entendit comme une voix qui murmurait à l'oreille du banni : « Tu es dans l'exil,
» je serai ton compagnon ; tu es seul, je partagerai ta vie ; ton
» âme est vide, je la remplirai ; tu n'as plus de carrière, je
» serai ton occupation et la nourriture de ton cœur ; plus
» d'avenir, il y a le Ciel ; plus de patrie, je serai ta patrie, ta
» maison, ta terre et ton repos ! » Ce que je dis ici est de l'histoire.

» La publicité et la liberté, voilà les goûts de notre âge. Or, La Moricière se convertit librement et publiquement ; il s'est converti comme il s'est battu, en plein soleil. De plus, cet acte explique ce qui l'a suivi et comment La Moricière fut prêt lorsque DIEU lui demanda successivement trois sacrifices, les plus grands qui se puissent imaginer : son *fils*, son *épée*, sa *vie*.

» Quand donc il fut tombé, et qu'après ces grandes ruines dont il faisait lui-même partie il put jeter de nouveau son regard sur la scène publique d'où il avait disparu, de nouvelles perspectives s'ouvrirent devant lui, et les choses de ce monde lui apparurent sous des aspects qu'il ne connaissait pas. Tout l'horizon supérieur des choses de DIEU se dévoila devant lui. Je trouve la trace de ces préoccupations nouvelles dans une lettre écrite de Bruxelles en 1855, où il résumait ainsi sa vie depuis l'école polytechnique :

« Depuis lors, j'ai mené les armes pendant dix-huit ans ;
» j'ai passé quatre ans dans nos luttes et nos disputes poli-
» tiques, et depuis trois ans je suis dans l'exil, où DIEU m'a
» conduit pour me donner le temps et le besoin de réfléchir,
» et *de regarder les choses du point de vue où on les voit ce*
» *qu'elles sont.* »

» Devant cette disposition d'esprit, la religion lui parut ce
qu'elle est en effet, le nécessaire et grand objet de la pensée de tout homme raisonnable ; il ne comprit pas qu'il fût
possible d'y rester oublieux ou indifférent, parce que l'oubli ou l'indifférence ne sont pas des convictions, pas plus
que la mollesse d'esprit, qui recule devant le travail, et la
faiblesse de cœur, qui recule devant la vertu, ne sont des
excuses.

» Résolu donc à étudier le christianisme, il porta dans
cette étude toutes ses habitudes de ferme raison, toute son
ardeur de recherches, toute la rigueur et la précision de son
esprit mathématique et philosophique en même temps. Il prit
un à un les articles du *Credo*, et il les étudia profondément.
« Il discutait et travaillait, écrit un témoin de ses luttes, avec
» une opiniâtre ténacité, retournant les questions sous toutes
» les faces, épuisant les difficultés avec une énergie infati-
» gable, mais se rendant loyalement quand la lumière était
» faite, et disant avec joie : C'est vrai ! »

» Car il est bien à remarquer, comme me l'attestait un
autre fréquent témoin, qu'il discutait, mais ne disputait pas.
Il ne combattait pas contre la vérité, mais contre le doute ou
l'ignorance. Et il était vraiment curieux de le voir faire une
question, pousser à bout les réponses et arriver en deux bonds
à des solutions doctrinales et morales qu'auraient enviées des
théologiens, son esprit prompt, pénétrant, saisissant avec une
vivacité et une sûreté extraordinaires tous les éclairs de bon
sens et de vérité qui jaillissaient de la discussion.

» Un jour, et quand il était déjà revenu à la pratique religieuse, il discutait à Paris, devant une de ses filles, avec le
curé de sa paroisse sur la fréquente Communion. « Nous ne
» sommes pas dignes de communier souvent, disait-il. —
» C'est vrai, répondit le curé, mais nous en avons besoin. La
» Communion est moins une récompense qu'une grâce et un
» secours... » — Le général s'arrête un moment... « Mon-
» sieur le curé, on m'avait donné jusqu'ici vingt-cinq mille
» mauvaises raisons, mais vous m'en donnez là une bonne.
» Il suffit, ma fille, communie tant que tu pourras. »

» Ce soldat, cet homme pratique et positif, grand esprit, courageux, parfaitement sincère, une fois placé à *ce point de vue d'où l'on voit les choses ce qu'elles sont*, et saisi de la nécessité où est tout homme de bon sens et de bonne foi de ne pas rester indifférent ou incertain sur des questions qui sont *le tout de l'homme*, comme dit Bossuet, voulut absolument voir clair dans ces questions, et ne se donna pas de repos qu'il n'en fût venu à bout.

» Dans les belles pages qu'il lui a consacrées, et où l'on sentait si bien deux âmes de même trempe, M. de Montalembert l'a montré, à Bruxelles, assujettissant ses cartes de géographie ,sur lesquelles il suivait avec une anxiété et une sympathie passionnée les progrès de nos armées, au moyen des livres qui lui étaient devenus les plus usuels. Quels étaient ces livres ? Le *Catéchisme*, un livre de messe, l'*Imitation*, et un volume des œuvres philosophiques du P. Gratry. Et il disait à un de ses anciens collègues et amis, étonné de trouver de tels livres chez lui : « Eh bien ! oui, j'en suis là, je » m'occupe de cela. Je ne veux pas rester comme vous, le » pied en l'air, entre le ciel et la terre, entre le jour et la nuit ; » je veux savoir où je vais, à quoi m'en tenir. Et je n'en fais » pas mystère. »

» DIEU ne devait pas manquer à une telle bonne volonté et à de si francs efforts. Disons encore que les hautes études philosophiques dont il occupait son exil favorisaient aussi son retour à la religion. Je trouve la trace de ces études dans la lettre que j'ai déjà citée. Le général y parle « d'un écrivain » qui venait de dire, avec une grande aisance, que l'idée de » l'infini n'était jamais entrée dans les connaissances humai- » nes que pour les embrouiller. Il y a des gens du monde, » ajoutait le général, qui croiront cette folie !... »

» La foi enfin arriva dans cette âme à son plein jour, et quelques semaines après la lettre que je viens de citer, le général communiait, à Pâques, dans la cathédrale de Bruxelles. Dès lors le général de La Moricière fut un bon et grand chrétien. Et dès lors aussi, disons-le, avec ses nouvelles lumières, des consolations inconnues, une sérénité plus haute, une force plus sûre d'elle-même et des espérances meilleures, entrèrent dans son âme. »

***

Qui pourrait dire avec quelle générosité ce grand cœur se donna à Dieu ?

Il remplissait ponctuellement ses moindres obligations et travaillait avec l'ardeur d'un jeune néophyte à se perfectionner lui-même. Le surprenait-on un jour maigre à un buffet de chemin de fer, on le voyait donnant l'exemple de l'abstinence. Arrivait-on chez lui un soir de Carême, on le trouvait à genoux, faisant la prière en commun avec ses enfants et ses domestiques. Le dimanche matin, les gens qui venaient lui parler d'affaires étaient obligés d'attendre son retour de la messe, et il leur demandait comment il se faisait qu'ils n'y eussent point été.

Un jour, M. Thiers, étant à Bruxelles, pria le général La Moricière de venir le trouver le lendemain à sept heures, pour visiter avec lui le champ de bataille de Waterloo dont il devait écrire l'histoire.

« — Je serai chez vous à huit heures, non à sept, répondit La Moricière, car je vais à la messe. »

Il avait frappé juste : le grand historien lui avoua en chemin qu'il avait un immense besoin de foi et qu'il lui enviait le bonheur de croire.

Quand il s'agissait de stigmatiser les libres-penseurs qui cachent leur ignorance ou leur mauvaise foi sous le masque de l'amour de la liberté, La Moricière retrouvait toute sa verve.

« J'ai vu de près ces gens-là, disait-il ; je les ai pratiqués. Ils s'appellent *libres*, et ils sont esclaves ; ils se croient gens d'esprit, et Dieu sait quelle est la légèreté de leur cuirasse. *Ils ont peur de la vérité...* Ils se contentent de dire : « J'ai mes principes, j'ai mes convictions, la science a parlé ; » et ils n'ont pas ouvert de bonne foi, sérieusement, un seul livre catholique ! Ils ne lisent rien, ils ne discutent rien. O Pascal ! où es-tu avec ton fouet, pour flageller ces insensés qui se mentent à eux-mêmes ? »

Dans une autre circonstance, apostrophant un de ces chefs de la morale indépendante : « Que veux-tu, lui disait-il, avec tes livres et tes discours ? Tu veux détruire le christianisme, le déshonorer, l'étouffer dans la boue ! Mais as-tu au moins quelque chose à mettre à la place ? Qu'est-ce que tu as ? Tu as tes opinions, tes systèmes, tes désirs ? Tu as du style, tu as de la colère, tu as toi, ta raison, ta volonté, tes passions ? — Tu as du nouveau, dis-tu ? Mais, tiens, je préfère de beaucoup le vieux au nouveau ; car le vieux, c'est Dieu ; le nouveau, c'est toi. Le vieux, c'est la morale en action ; le nouveau, c'est la morale en l'air. Le vieux fait des hommes, des citoyens, des cœurs, des héros ; le nouveau ne fera jamais que des furieux, des malheureux, des enragés et des sauvages. »

C'est que le zélé converti avait commencé depuis longtemps à asseoir sa foi sur des bases solides.

Voici une anecdote qui se rapporte au séjour de La Moricière en Italie.

Comme tous les hommes doués de mémoire, Pie IX aimait beaucoup les citations.

Un jour, après Castelfidardo et Ancône, s'entretenant avec le général La Moricière, il cita un vers d'Horace : le général poursuivit la citation. Pie IX le regarda fixement. La conversation continuant, il cita Virgile : le général savait l'*Enéide* et acheva ses vers. Mouvement du Pape. Après tout, dut-il penser, Virgile et Horace entrent dans l'enseignement classique.

Les deux interlocuteurs vinrent à parler de l'Afrique, et Pie IX, voulant surprendre le général, cita l'évêque d'Hippone. M. de La Moricière avait lu saint Augustin : il retrouva le passage entier. C'était fort. Pie IX se pique au jeu, sans en avoir l'air, et jette un mot de saint Irénée à la tête du général. Celui-ci, qu'on ne croyait pas si lettré, prenant cet assaut de citations à la façon d'un assaut d'armes, continue encore.

« — Ah çà, mon cher général, s'écria le Pape en lui pressant les mains, où avez-vous fait votre cours de patrologie ?

Vue d'Ancône.

» — Dans les camps, en Afrique, Très-Saint Père. Que voulez-vous ? Un soldat ne peut pas se battre tous les jours, et j'ai lu les Pères. Je les ai lus avec amour ; ce sont eux qui m'ont enseigné qu'il y avait une gloire au-dessus de la gloire, la gloire d'être vaincu pour le CHRIST, supérieure à la gloire de vaincre pour le monde. »

***

Pie IX, abandonné des gouvernements, résolut de faire appel au dévouement individuel de ses enfants pour défendre les droits sacrés de l'Église.

Au mois de mars 1860, M. Corcelle, chargé de sonder les dispositions du général, lui fit cette question :

« — Que répondriez-vous à qui vous offrirait le commandement de l'armée de Pie IX ?

» — Je répondrais, dit La Moricière, que la cause de Pie IX me semble humainement compromise, mais que c'est une de ces causes pour lesquelles je serais heureux de mourir. »

Mgr de Mérode vint lui faire directement cette proposition.

« Un soir, raconte Mgr Dupanloup, un général, un jeune homme et un prêtre étaient réunis au château de Prouzel. On discutait la question de savoir si le général se mettrait à la tête de l'armée du Pape.

» Il ne s'agissait pas d'augmenter sa gloire, mais de la sacrifier ; d'illustrer sa vie, mais de l'exposer. On lui demandait de quitter la France et de prendre le commandement d'une poignée de jeunes gens n'ayant jamais vu le feu, ne parlant pas la même langue, mais ralliés par la même foi, sur un petit territoire pris entre deux armées dix fois plus nombreuses, plus aguerries, mieux équipées. Il s'agissait de passer pour un étourdi aux yeux des sages, pour un factieux aux yeux des politiques, pour un chef aventureux aux yeux des militaires, en deux mots, de combattre sans espoir de mourir et de vaincre. Le prêtre insistait, le jeune homme hésitait, le général méditait.

» Tout à coup le guerrier se lève et dit d'une voix nette et calme : « J'irai. »

» Le général marcha pour la première fois à une défaite. Il devait être vaincu comme les Croisés, dont les défaites ont sauvé l'Europe et la civilisation ; vaincu, mais après avoir taché de sang les mains des envahisseurs ; et ce sang ne s'effacera jamais ! »

On sait l'admirable activité que déploya La Moricière dans l'organisation de la défense, qui devait aboutir, par la perfidie révolutionnaire et la trahison des politiques, au guet-apens de Castelfidardo. Il n'eut la gloire ni de vaincre ni de mourir pour la cause de Pie IX et de l'Église.

Dans une lettre adressée au général, le Pape, en le décorant de l'Ordre du CHRIST, lui disait :

«Vous m'avez refusé toute autre distinction, mais je veux absolument que vous soyez décoré d'un Ordre qui ne peut être mieux placé que sur votre poitrine, laquelle fut exposée à recevoir les coups des ennemis du CHRIST. Ce sera un nouveau lien qui vous unira au Vicaire de Celui dont je suis l'indigne représentant sur la terre, et qui, j'espère, sera notre récompense à tous deux dans l'éternité. »

**

La Moricière revint en France, et, retiré en son pays, il vécut dans la retraite, édifiant tous ceux qui l'entouraient par la pratique de toutes les vertus chrétiennes.

Il se reposait de ses grands travaux entrepris pour le service de l'Église et du Pape, et, durant tant d'années, pour le service de la France, en faisant dans ses deux paroisses du Louroux et de Prouzel le bien sous toutes les formes : églises, écoles, soin des malades, Sœurs de Charité, ou bien améliorations agricoles, toutes faites à ses frais, aumônes, etc.

Il s'approchait fréquemment des sacrements, le matin de bonne heure, sans respect humain, puisqu'il ne se cachait de personne, et aussi sans ostentation, car il se mettait tout humblement dans un petit coin de l'église.

Il se tenait toujours prêt à paraître devant DIEU. « L'avenir ne nous appartient pas, répétait-il à Rome à ses jeunes aides de camp. Quand on part pour une expédition, on doit se dire qu'on n'en reviendra pas ; et il faut arranger ses affaires spirituelles et temporelles en conséquence, de telle sorte qu'on n'ait plus qu'à marcher en avant. »

En 1865, La Moricière se trouvait dans sa propriété de Prouzel. Sa femme et ses enfants, retenus loin de lui, allaient revenir. C'était un dimanche, et ce jour-là avait eu lieu l'adoration du Saint-Sacrement dans l'église de son village. Il y était allé, selon sa coutume, à la grand'messe ; le soir, il s'était rendu au salut, et était resté tout le temps à genoux, au milieu des bons paysans, lui, le vieux soldat de nos guerres africaines. Toute la soirée s'était passée avec son curé, dans des entretiens sur les indulgences, le purgatoire, le Ciel et la vie future. Quand le curé se retira : « Je suis très content, Monsieur le curé, lui dit le général, de ce que vous m'avez dit ce soir. » Retiré chez lui, il se coucha en assez bonne santé.

Vers une heure du matin, il fut pris d'étouffements subits, qui avaient failli plusieurs fois l'enlever depuis son séjour à Ham. Ce grand chrétien ne se dissimule point le danger ; il sonne son domestique et, se sentant déjà mourir : « Monsieur le curé, dit-il, Monsieur le curé ! » Il articulait à peine quelques mots ; la mort avançant toujours, il saisit son crucifix avec force et ferveur.

Quand le prêtre arriva, le général était debout, marchant à pas lents dans sa chambre et pressant le crucifix sur son cœur. A la vue du prêtre, il tombe à genoux, appuyé sur son lit ; le crucifix échappe de sa main défaillante, mais il le retient et le serre avec ses deux bras sur sa poitrine. Le prêtre a le temps de lui donner une dernière absolution et d'aider son serviteur fidèle à le placer dans un fauteuil. Seul, un regard du général, un regard levé vers le Ciel, répond aux paroles du ministre de JÉSUS-CHRIST.

Un instant après il rendait le dernier soupir.

C'était à genoux qu'avait voulu mourir ce vaillant soldat de DIEU.

Il n'était âgé que de cinquante-neuf ans. Sa dernière pensée avait été pour la France, pour sa famille, pour Pie IX.

ALEXANDRE DUMAS.

(1803 – 1870.)

Louis Veuillot annonçait ainsi la conversion de ce célèbre et fécond écrivain :

« Après soixante ans passés dans l'oubli de Dieu, il se souvint de lui et revint à lui. Comme Frédéric Soulié, il eut le bonheur d'ouvrir les yeux à la véritable lumière.

» Rien de sérieux ne restera de l'écrivain ; pourtant il avait reçu de la Providence des dons merveilleux. Il y avait en lui l'étoffe d'un grand artiste ; mais il avait soif d'argent et de jouissances, et il s'est gaspillé.

» Toutefois, au milieu de la prodigieuse dissipation qui fut sa vie, il avait conservé au fond du cœur des sentiments religieux. Il a fait une mort chrétienne et mérité ainsi une récompense et une gloire supérieures à celles que son talent, même s'il l'avait su féconder et faire fructifier, lui aurait pu mériter parmi les hommes.

» Il faut préférer à l'immense collection de ses œuvres complètes ces quelques lignes d'une piété si touchante, écrites par sa fille, Melle Marie Dumas :

« Mon bien-aimé père est mort lundi, 5 décembre 1870, à
» Dieppe, muni des sacrements de l'Église. Répétez-le très
» haut avec moi. Dieu m'a fait une grâce infinie. Priez pour
» celui qui s'est doucement endormi dans le Seigneur. Louez
» Dieu de ce grand exemple. »

LE MARÉCHAL RANDON.

(1795 - 1871.)

LE maréchal Randon était protestant et vécut longtemps dans cette religion, qui était celle de sa famille. Il fut converti au catholicisme par le R. P. Olivaint, un des martyrs de la Commune.

Voici comment le R. P. Clair a raconté cette conversion dans la *Vie du P. Olivaint* :

« La conversion du maréchal Randon fut sans contredit, pour le P. Olivaint, l'une des plus douces consolations de son zèle, après avoir été pendant de longues années l'objet de sa persévérante sollicitude.

» Issu d'une famille protestante, le maréchal Randon vécut longtemps dans la religion de ses pères sans que rien troublât sa bonne foi. Nature droite et loyale, esprit élevé, cœur généreux et vaillant, il alla à DIEU simplement et cherchait la vérité sans arrière-pensée. Loin de nourrir aucune prévention contre le catholicisme, il pencha peu à peu et comme à son insu vers lui.

» Gouverneur général de l'Algérie, il s'était intimement lié avec le P. Brumauld, de la Compagnie de JÉSUS, dont il favorisait de tout son pouvoir les fondations charitables et les essais de colonisation chrétienne. En retour, le zélé religieux faisait violence au Ciel pour obtenir la conversion du maréchal ; il s'était même concerté avec quelques autres missionnaires pour que, chaque jour, le saint sacrifice fût offert par l'un d'eux à cette intention.

» On peut dire que l'âme qu'il s'agissait de sauver était naturellement catholique. Le maréchal saisissait, en effet, toutes les occasions de témoigner son estime et sa vénération pour l'Église, son culte, ses ministres. Ainsi il exigeait que l'aumônier des colonnes expéditionnaires occupât toujours à la table de l'état-major la place d'honneur, *comme représentant la première autorité, celle de DIEU*. A Alger, il se faisait un devoir d'assister aux splendides processions de la Fête-DIEU et d'y donner à tous l'exemple d'un religieux respect.

» Après la mort du P. Brumauld, le P. Olivaint, par ses prières et son action discrète, continua l'œuvre de cette conversion.

» Longtemps il demeura invisible comme l'ange gardien, mais inspirant et dirigeant tout ce qui se faisait en faveur du *cher séparé ;* c'est ainsi qu'il se plaisait à nommer le maréchal.

» On le tenait au courant des moindres progrès ; et quelle était sa joie quand il apprenait, par exemple, que le ministre de la guerre, encore protestant, avait pris noblement la défense du Saint-Père dans les conseils du gouvernement ; qu'il avait, par une touchante délicatesse, confié à Madame Randon le soin de veiller à l'entretien des chapelles dans les forts de Paris ; qu'il marquait pour la véritable Église un attrait d'autant plus vif qu'elle était violemment attaquée !

» Au moment où le livre de M. Renan faisait scandale, le maréchal formulait ainsi son jugement sur cet odieux pamphlet : « En résumé, ce livre aura eu pour résultat de rappro-
» cher dans une commune indignation deux religions qui,
» au fond, pensait-il, sont divisées par si peu... Il faudrait
» de ces deux religions n'en faire qu'une, prendre à l'Église
» catholique son esprit de gouvernement et son unité, au
» protestantisme... quoi ? je ne sais..., car, après tout, c'est
» moins une religion qu'une dénégation. »

» Il se montrait fatigué et comme honteux des dissensions qui déchiraient la prétendue Réforme, et des contradictions doctrinales de ses ministres : « Un pasteur prêchant en habit
» noir et en cravate blanche, disait-il, me fait l'effet d'un
» colonel commandant son régiment en habit bourgeois. »

» Ces succès partiels présageaient dans un avenir prochain la pleine victoire, et le P. Olivaint s'écriait : « Oh ! il
» faut que nous obtenions cette conversion ! Il n'y a pas
» d'exemple qu'un souverain, un prince ou même un simple
» particulier ait servi l'Église sans en recevoir de DIEU la
» récompense. Et le maréchal, qui a si généreusement dé-

» fendu le Saint-Père, n'en serait pas récompensé par le don
» de la foi ? »

» C'était une allusion aux soins donnés par le maréchal
Randon à la formation de la légion d'Antibes, dont il avait
voulu choisir lui-même, un à un, tous les officiers et la plupart des soldats.

» Enfin, un jour vint où le P. Olivaint put dire : « La con-
» version du *cher séparé* est un fruit qui tient encore à l'arbre
» et mûrit doucement ; mais nous le cueillerons demain ou
» après-demain... Il ne faut plus qu'une circonstance provi-
» dentielle pour amener le résultat définitif. »

» Cette circonstance providentielle fut, comme il arrive le
plus souvent, une cruelle épreuve. Le loyal et fidèle serviteur
de la France se vit tout à coup en butte à d'injustes accusa-
tions et à d'indignes calomnies.

» Au mois de janvier 1867, le maréchal disgrâcié quitta le
ministère de la guerre.

« Je ne puis pas m'empêcher de déplorer cette retraite,
» écrivit aussitôt le P. Olivaint. Le maréchal a si noblement
» rempli sa mission, il a si généreusement défendu les inté-
» rêts de l'Église ! Il sera bien difficile de trouver un succes-
» seur aussi dévoué que lui à tout bien ; les hommes qui lui
» ressemblent deviennent si rares ! Cependant, tout en déplo-
» rant cette retraite, je ne puis m'empêcher de me réjouir.
» J'éprouve en ce moment une douce espérance. Il me sem-
» ble que l'heure approche où vous aurez la consolation
» d'offrir à Notre-Seigneur cette chère âme tout à fait con-
» quise à la vérité par la pratique de la foi, comme elle l'est
» déjà par le cœur et l'esprit. Vous savez si je prie avec vous
» et si tout mon dévouement vous est assuré, au besoin,
» dans cette œuvre. »

» Retiré dans les montagnes du Dauphiné, le maréchal
consacra au recueillement et à la prière les loisirs que lui faisait l'ingratitude des hommes.

» Il surveilla lui-même les constructions d'une chapelle
bâtie auprès de son château de Saint-Ismier, et au sommet de
laquelle se dressa, par son ordre, une grande croix. Le DIEU

de l'Eucharistie vint y faire sa demeure et remplir de ses bénédictions la maison de son hôte.

» Le maréchal se prêtait volontiers aux pieuses industries qu'on imaginait pour l'acheminer insensiblement vers le catholicisme. Tantôt c'était une petite médaille de la Sainte Vierge qu'il consentait à porter sur lui ; tantôt, la prière du soir qu'il faisait en famille, ou la messe à laquelle il assistait volontiers.

» Le P. Olivaint répondit au message qui lui apportait ces touchantes nouvelles : « Demain, jour de l'Exaltation de
» la Sainte Croix, je dirai la messe pour le *cher séparé*, qui le
» matin, j'en suis sûr, se sera simplement, chrétiennement,
» pieusement uni à vous pour entendre la messe dans la
» petite chapelle, et adorer avec nous le bon Maître. Quelles
» influences vont s'échapper de ce tabernacle pour avancer
» la conversion de cette chère âme ! Oui, recourez plus que
» jamais à l'influence directe de Notre-Seigneur : il s'appro-
» chera de lui par vous. »

» Le jeune fils d'un autre maréchal de France allait faire sa première Communion. Il fut chargé d'avancer, par sa pieuse intervention, l'heure ardemment désirée. « Les enfants
» sont de bien puissants auxiliaires, disait à cette occasion le
» P. Olivaint ; tirez du cher petit dont vous me parlez, tout le
» parti que vous offrira Notre-Seigneur... Je craindrais un
» plus long retard justifié par toutes les préoccupations de
» la vie active, surtout si la guerre éclate. »

» Tant de prières ferventes touchèrent le Cœur de DIEU. Le vieux maréchal sentit la lumière se faire dans son esprit, tous ses doutes se dissiper, et un mystérieux attrait le pous- ser dans le sein du catholicisme. Il s'en ouvrit, avec sa fran- chise habituelle, à celle qui n'avait vécu que pour lui obtenir ce bonheur. « La mort, disait-il, approche ; ceux que réunira
» la même tombe devraient avoir une même foi ici-bas, afin
» de se retrouver ensemble dans une autre vie. »

« *Magnificat !... Te Deum !...* s'écria le P. Olivaint avec
» transport. Voyez-vous que la Sainte Eucharistie a exercé

» sur lui sa toute-puissante influence ? Je ne saurais vous
» dire à quel point je partage votre joie. »

***

» Peu de jours après eut lieu la première entrevue du
maréchal avec celui qui depuis si longtemps s'intéressait à
son âme. L'entente s'établit aussitôt. « Le bon maréchal,
» écrivait son nouveau guide, a une droiture et un mouve-
» ment du cœur qui me touchent profondément. »

» Enfin, après que le noble vieillard eut été suffisamment
instruit du dogme catholique, le jour fut fixé pour la réconciliation avec la sainte Église. Le 22 septembre 1867, dans
l'humble chapelle d'un orphelinat, en présence du P. Olivaint
et de deux témoins, le maréchal déclara *reconnaître l'Église
catholique pour la seule véritable Église, faire profession de la
religion catholique, apostolique et romaine, et renoncer à l'hérésie
de Calvin.*

» Depuis lors, il apporta au service de DIEU une fidélité
que le P. Olivaint appelait *militaire.* « J'admire vraiment,
» écrivait-il, la grâce de DIEU dans cette âme si droite ;
» comme il prend simplement les choses ! »

» Une particulière amitié unit jusqu'à la fin le prêtre et le
soldat.

» Le 22 juillet 1870, le P. Olivaint adressait au maréchal
la lettre suivante : « Laissez-moi, Monsieur le Maréchal, vous
» témoigner le bonheur que j'ai ressenti d'être auprès de vous
» l'instrument de la grâce de DIEU. Je vous ai voué un atta-
» chement sincère et profond. Je vous suivrai de cœur sur
» cette terre d'Afrique où, par votre esprit chrétien, vous
» avez fait tant de bien autrefois, où vous ferez bientôt,
» maintenant que vous êtes plus près de DIEU, plus de bien
» encore. »

» De son côté, le maréchal exprimait sa reconnaissance au
P. Olivaint pour tous les secours spirituels qu'il lui avait
prodigués. » Je vous prie de croire, ajoutait-il, que je
» n'oublierai jamais ce que je vous dois à ce sujet, car je

» trouverai une consolation et un soutien dans les adversités

Mgr Mermillod.

» dont la vie est ici-bas parsemée, et une confiance bien

» grande pour cette vie qui nous est réservée dans le Ciel.»

» Le maréchal entrevoyait le terme ; il l'atteignit bientôt.

***

« — Oh ! la patrie !... Ses souffrances me tuent. » Ce furent ses dernières paroles.

» Atteinte d'une cruelle maladie, sa vigoureuse organisation résistait au mal ; mais il en survint un contre lequel elle fut impuissante, ce fut le mal qui frappa la France et dont nous souffrons encore.

» Lorsqu'il vit les gloires de la patrie s'éclipser, la vie l'abandonna et il rendit son âme à DIEU.

» Il est mort après avoir reçu les sacrements qui aident à faire le voyage de l'éternité ; il est mort après s'être courbé avec amour et reconnaissance sous la main du Pontife suprême, qui lui donna sa bénédiction apostolique. »

C'est le 13 janvier 1871, à Genève, qu'il a rendu le dernier soupir ; Mgr Mermillod l'a assisté dans ses derniers moments et l'a préparé à paraître devant DIEU.

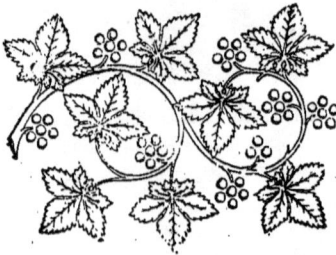

LE P. HERMANN.

(1821 – 1871.)

HERMANN était juif de naissance, pianiste distingué, compositeur de mérite ; le monde, les plaisirs, la renommée, l'enivraient et le croyaient à jamais acquis à leur brillant empire. DIEU en a fait un *Apôtre de l'Eucharistie.*

C'était en 1847. Hermann avait vingt-six ans. Un vendredi du mois de mai, le prince de la Moskowa le pria de vouloir bien le remplacer pour la direction d'un chœur d'amateurs dans l'église de Sainte-Valère, aujourd'hui Sainte-Clotilde, à Paris. Hermann accepta. Au moment de la bénédiction du Saint Sacrement, il éprouva, a-t-il raconté lui-même, « une singulière émotion, comme des remords de prendre part à cette bénédiction dans laquelle il n'avait, étant juif, aucun droit d'être compris. »

Cette émotion néanmoins était douce et forte, et il en ressentit un soulagement inconnu.

I y retourna les vendredis suivants, ettoujours, au moment où le prêtre étendait l'ostensoir sur les fidèles agenouillés, il éprouvait la même impression, il frissonnait malgré lui, et il eût versé d'abondantes larmes si le respect humain ne l'eût retenu. Il ne savait comment expliquer ces émotions inaccoutumées, extraordinaires, puissantes, s'emparant de lui toujours dans les mêmes circonstances. Le mois de mai s'écoula, et avec lui les solennités musicales en l'honneur de MARIE.

« Trois mois après, m'étant rendu à Ems, en Allemagne, pour y donner un concert, le surlendemain de mon arrivée, qui était un dimanche, je me rendis à la messe.

» Là, peu à peu les chants, les prières, la présence, invisible et cependant sentie par moi, d'une puissance surhumaine, commencent à m'agiter, à met roubler, à me faire trembler : en un mot, la grâce divine se plaît à fondre sur moi de toute sa force. Au moment de l'Élévation, tout à coup je sens éclater, à travers mes paupières, un déluge de larmes, qui ne cessent de couler avec une voluptueuse abondance le long de mes joues enflammées.. O moment à jamais mémorable pour le salut de mon âme!... je t'ai là, présent dans mon esprit, avec toutes les sensations célestes que tu m'amenais d'en haut !... et j'invoque avec ardeur le Dieu tout-puissant et tout miséricordieux, afin que le délicieux souvenir de ta beauté reste gravé éternellement dans mon cœur, avec les stigmates ineffaçables d'une foi à toute épreuve et d'une reconnaissance à la mesure du bienfait dont il a daigné me combler !... J'éprouvais sans doute alors ce que saint Augustin dut ressentir dans son jardin de Cassiacum au moment où il entendit le fameux *Tolle, lege...*

» Il me souvient d'avoir pleuré quelquefois dans mon enfance, mais jamais, non, jamais, de semblables larmes ne m'avaient été connues. Pendant que j'en étais inondé, je sentis surgir du plus profond de ma poitrine, lacérée par ma conscience, les remords les plus déchirants sur toute ma vie passée. — Tout à coup et spontanément, comme par intuition, je me mis à offrir à Dieu une confession générale, intérieure et rapide, de toutes mes énormes fautes depuis mon enfance ; je les voyais là, étalées devant moi par milliers, hideuses, repoussantes, révoltantes, méritant toute la colère du Juge souverain... Et cependant je sentis aussi, à un calme inconnu qui bientôt vint répandre comme un baume consolant sur toute mon âme, que le Dieu de miséricorde me les pardonnerait, qu'il détournerait son regard de mes crimes, qu'il aurait pitié de ma sincère contrition, de ma douleur amère... Oui, je sentis qu'il me faisait grâce, et qu'il acceptait en expiation ma ferme résolution de l'aimer par-dessus tout et de me convertir à lui désormais.

» En sortant de cette église d'Ems, j'étais déjà chrétien, oui, aussi chrétien qu'il est possible de l'être quand on n'a pas encore reçu le saint baptême !... »

Rentré à Paris, Hermann se mit sous la direction de l'abbé Legrand, curé de Saint-Germain-l'Auxerrois, et, le 28 août de la même année, il recevait le baptême dans la chapelle de

Sion, élevée par un autre juif, le P. Marie Ratisbonne, converti lui aussi miraculeusement à Rome par une apparition de la Sainte Vierge.

« Le samedi 28 août, à trois heures de l'après-midi, raconte Hermann, la chapelle de Notre-Dame de Sion brillait d'un éclat inaccoutumé ; des fleurs plus belles et plus fraîches ornaient l'autel resplendissant de mille lumières ; la cloche du couvent faisait entendre ses plus joyeux carillons ; une foule pieuse remplissait la nef ; un chœur de jeunes filles, couvertes d'un long voile blanc, à genoux autour du sanctuaire, chantaient d'une voix suppliante et attendrie les litanies pour la conversion des juifs ; l'orgue mêlait ses accords à ces chants harmonieux. M. l'abbé Legrand, assisté de M. Théodore Ratisbonne, fit alors son entrée dans l'église et s'avança vers l'autel.

» Moi je suivais tremblant et pourtant ferme, ayant à ma droite M. le docteur Gourand, mon parrain, plus estimé encore par ses vertus que par sa science, et à ma gauche Mme la duchesse de Rauzan, ma marraine, plus illustre encore par sa piété que par sa naissance, et dont tous les mérites revivent dans ses filles. De quelque côté que je tournasse les regards, j'y trouvais donc des appuis solides et inébranlables, et jamais enfant venant au monde ne fut plus tendrement entouré par ses sœurs et ses frères que je le fus lorsque, simple catéchumène, je m'approchai de l'autel. DIEU en soit à tout jamais béni ! »

Nous ne suivrons pas le jeune néophyte décrivant avec enthousiasme toutes les cérémonies et les prières qui précèdent et accompagnent le saint baptême. Son étonnement, son admiration, sa reconnaissance, son amour, ne connaissent pas de bornes. Quand l'eau coula sur son front et que le nom d'Hermann fut changé contre celui de Marie, d'Augustin et Henri, « tout à coup, dit-il, mon corps tressaillit, et j'éprouvai une commotion si vive, si puissante, que je ne saurais mieux la comparer qu'au choc d'une machine électrique. Les yeux de mon corps se fermèrent, et au même moment ceux de l'âme s'ouvrirent à une lumière surnaturelle et divine. Je fus plongé comme dans une extase d'amour, et il me sembla, comme mon patron, toucher d'un bond du cœur aux joies ineffables du paradis, et boire aux torrents de délices dont le Seigneur inonde ses élus dans la terre des vivants !... »

Converti de l'Eucharistie, comme il aimera à s'appeler dans la suite, il avait vraiment faim et soif de ce banquet divin auquel le Sauveur rassasie ses amis. Son cœur avait de telles aspirations pour la communion qu'il nous dit que Dieu le récompensera en lui donnant, après son baptême, à deux fois différentes, comme un avant-goût des joies eucharistiques, en lui faisant éprouver dans son cœur d'une manière sensible la présence réelle de Jésus-Christ au moment où les fidèles communiaient. Cette faveur fut si extraordinaire et laissa chez lui de si profondes impressions, qu'il y fera souvent allusion dans le reste de sa vie, soit dans ses écrits, soit dans ses sermons.

« O Jésus adoré, s'écrie-t-il dans la préface de ses cantiques au Saint-Sacrement, je dois mêler mes chants aux hymnes de Paris ! Car c'est dans la grande cité et caché sous les voiles eucharistiques que vous m'avez dévoilé les vérités éternelles ; — et le premier mystère que vous révélâtes à mon cœur, ce fut votre présence réelle au Très-Saint Sacrement. Ne voulais-je pas, juif encore, m'élancer à la Table Sainte pour vous porter à mon cœur éperdu ? Et si j'ai demandé le baptême à grands cris, n'était-ce pas surtout pour m'unir à vous ? Ce que vous fîtes alors pour me consoler d'une douloureuse attente, je ne peux le dire ici : *Secretum meum mihi !* »

Et il répétait souvent ces dernières paroles, ne voulant point révéler ce secret avant sa mort. Nous l'avons trouvé exprimé en des termes vagues et mystérieux dans son journal quotidien, à la date du 3 septembre 1847 : « Messe à Notre-Dame de Sion : miracle de la saveur de l'Eucharistie, même avant ma première Communion. » Et quelques lignes plus bas : « 9 heures : messe du Saint-Sacrement à l'Abbaye-aux-Bois, répétition du miracle à la Communion, larmes, saveur, attendrissement ! »

Depuis lors l'Eucharistie était sa vie ; il communiait souvent, entendait chaque jour plusieurs messes, visitait plusieurs fois le Saint-Sacrement, et ne manquait jamais aucune des solennités qui se célébraient en son honneur. A Saint-Séverin, on l'invita un jour à suivre la procession du Saint-Sacrement avec un cierge à la main. « Au passage de la Sainte Eucharistie je me sens terrifié, raconte-t-il le soir même dans son journal ; un torrent de larmes jaillit de mes yeux, j'éprouve un sentiment de respect profond, je sens comme l'évidence de la présence réelle : indicible sensation ! Tant que la procession dure, chaque fois que le Saint-Sacrement s'approche plus près de moi, ma terreur respectueuse et mon amour humble augmentent ; je ne me sépare que difficilement de cette édifiante cérémonie. — Je pleurais encore dans la rue, en rentrant chez moi, au souvenir de cette impression. »

C'est ainsi que DIEU attirait de plus en plus à lui cet homme privilégié, qui répondait avec une si parfaite docilité à son appel. Il le préparait à devenir, à peine converti, le fondateur de l'*Œuvre de l'Adoration nocturne*, une des plus belles œuvres de notre temps, assurément, et des plus opportunes.

***

Hermann était encore dans le monde.

Il prit alors une modeste chambre rue de l'Université, n° 102, maison détruite aujourd'hui, et que l'on peut considérer comme le berceau de cette œuvre admirable.

Nous empruntons à un ami du Père Marie-Augustin du Très-Saint Sacrement, et l'un de ses principaux imitateurs, M. Dupont, l'origine de cette fondation.

« Un jour, une après-midi, le pieux converti, qui visitait volontiers les sanctuaires où le Saint-Sacrement était exposé, étant entré dans la chapelle des Carmélites, se mit à adorer Notre-Seigneur exposé dans l'ostensoir, sans compter les heures et sans voir que la nuit approchait. C'était en novembre. Une Sœur tourière arrive et donne le signal de la retraite ; un second avis devient obligatoire. Alors Hermann dit à la Sœur :

« — Je sortirai en même temps que ces personnes qui sont au fond de la chapelle.

» — Mais celles-là ne sortiront pas de toute la nuit. »

Cette réponse de la Sœur était plus que suffisante, et déposait un germe précieux dans un cœur bien disposé à ne pas le laisser s'évanouir en fumée.

Celui-ci, qu'on appellera bientôt l'Ange du tabernacle, quitte la chapelle, se rend précipitamment chez M. de la Bouillerie. « On vient, s'écrie-t-il, de me faire sortir d'une chapelle où des femmes sont devant le Saint-Sacrement pour toute la nuit !... » M. de la Bouillerie répond : « Eh bien ! trouvez des hommes, et nous vous autoriserons à imiter ces pieuses femmes, dont vous enviez le sort, aux pieds de Notre-Seigneur. »

Dès le lendemain, les bons anges aidant, Hermann trouvait de l'écho dans plusieurs âmes.

M. de la Bouillerie avait déjà établi antérieurement une petite association pour l'Adoration nocturne chez soi, dans laquelle les membres, hommes ou femmes, se levaient tour à tour la nuit une fois par mois, à une heure fixée d'avance, pour adorer Notre-Seigneur. Il avait aussi contribué à la fondation du Tiers-Ordre de femmes établi par Melle Dubouché, pour l'Adoration nocturne du Très-Saint Sacrement, et qui devait être comme le noyau des Dames Réparatrices. M. de la Bouillerie était vraiment l'homme des œuvres eucharistiques, et la Providence lui avait envoyé depuis quelque temps, comme pénitent, le converti de l'Eucharistie, celui qui devait être le fondateur de l'Adoration nocturne. Il devait donc faire un bon accueil aux avances d'Hermann.

Celui-ci, heureux de la réponse de son confesseur, se mit aussitôt à la recherche d'âmes pieuses, avides comme lui de payer à JÉSUS-HOSTIE retour pour retour, sacrifice pour sacrifice. Les premiers inscrits sur la liste furent le chevalier Asnarez, ancien diplomate espagnol, qui avait enseigné la langue espagnole à Hermann au temps de sa vie artistique, et le comte Raymond de Cuers, capitaine de frégate, avec lequel

il conserva toujours des relations intimes. D'autres se présen-
tèrent bientôt, et, le 22 novembre 1848, Hermann les réunissait dans sa petite chambre de la rue de l'Université.

Dix-neuf membres seulement étaient présents, quatre adhé-
rents n'avaient pu venir. M. l'abbé de la Bouillerie présidait
cette petite réunion, dont les membres s'étaient rapprochés
« dans l'intention, dit le procès-verbal de cette première séance,
de fonder une association ayant pour but l'exposition et l'adoration nocturne du Très-Saint Sacrement, la réparation des
injures dont il est l'objet, et pour attirer sur la France les
bénédictions de DIEU et détourner d'elle les fléaux qui la
menaçaient. »

Quel programme pour un si petit nombre d'hommes, presque tous de la plus humble condition ! A part le promoteur
de cette réunion, connu par son talent musical et sa conversion éclatante ; le président, dont la position dans le monde
et dans le diocèse donnait quelque relief à ce petit troupeau ;
deux officiers de marine, qui cachaient leurs dictinctions sous
les dehors les plus modestes et par amour pour DIEU se faisaient les plus petits, les associés n'étaient guère que des
employés obscurs, des ouvriers et des domestiques. Voilà les
instruments dont DIEU s'est servi pour établir l'œuvre de
l'Adoration nocturne, qui est devenue une des plus impor-
tantes du diocèse de Paris, et qui existe dans plus de cinquante autres diocèses, attirant partout les grâces les plus
abondantes.

La nouvelle que Pie IX, en face de la révolution triomphante à Rome, venait de se réfugier à Gaëte, inspira aux
pieux associés la pensée de mettre aussitôt leur projet en
pratique, et la première nuit d'adoration eut lieu le 6 décembre 1848. Les deuxième et troisième nuits eurent lieu les 20
et 21 du même mois, à l'occasion des prières des Quarante-
Heures ordonnées par l'archevêque de Paris pour le Souverain-Pontife. Cette fondation en France se rattache à l'une
des phases les plus douloureuses de la papauté, à l'imitation
de la même œuvre fondée à Rome, en 1809, à l'occasion
de la captivité de Pie VII. Hermann et ses amis étaient loin

alors de connaître cette coïncidence providentielle ; ils suivaient les impulsions de la grâce, et cela suffisait à leur amour et à leur foi.

Les premières adorations eurent lieu dans le sanctuaire vénéré de Notre-Dame des Victoires, sur la proposition qu'en fit le vénérable M. Desgenettes. Une plaque de marbre, placée sur un des pilastres de l'autel dédié à saint Augustin dans cette même église, perpétuera le souvenir de cette fondation. Elle fut posée au lendemain des jours néfastes qui planèrent sur la France après la guerre de 1870.

Les membres de l'Adoration nocturne et les membres des conférences de Saint-Vincent de Paul, qui n'avaient point interrompu leurs veilles saintes au pied du Tabernacle pendant les horreurs de la Commune, voulurent ainsi témoigner leur reconnaissance et tracèrent sur ce marbre l'inscription suivante :

A Notre-Dame des Victoires, notre Protectrice :
Hommage de reconnaissance et d'amour
Des conférences de Saint-Vincent de Paul
Et de l'Œuvre de l'Adoration nocturne
de Paris.
31 mai 1871.

Ces veilles toutefois ne se continuèrent pas à Notre-Dame des Victoires ; elles pouvaient, en effet, devenir un embarras pour le service paroissial, et on choisit pour lieu de réunion la chapelle des Pères Maristes. C'est là que le Père Eymard, alors Visiteur de la Société de Marie, connut Hermann, et qu'ils se lièrent d'une amitié aussi tendre que durable, dont l'Eucharistie était le lien et l'aliment.

**

Le cardinal Wiseman l'avait chargé de toutes les œuvres eucharistiques de Londres. Ce nouveau fardeau ne semblait point peser à ses épaules déjà surchargées. « Tout ce qui me donne l'occasion de m'occuper de l'Eucharistie m'est très cher, disait-il, et le cardinal a bien deviné mon attrait. » Il s'occupa alors des premières Communions ; elles se faisaient isolément et sans solennité. Il réunit les jeunes filles dans la chapelle des Sœurs, les garçons dans celle du couvent ; il fit des catéchismes comme en France ; il fit précéder la première Communion d'une petite retraite ; le cardinal vint même, pendant ces jours de préparation, bénir ces enfants et leur adresser quelques paternelles paroles.

Il ne devait pas tarder à y fonder l'Adoration nocturne. Le 6 août 1863, jour anniversaire de son arrivée dans cette ville, l'association nouvelle passa la première nuit dans la chapelle des Carmes, et l'heureux Père annonçait en ces termes, le même jour, cette nouvelle à l'un de ses amis : « Heureuse nouvelle ! L'Adoration nocturne est commencée à Londres. Nous venons de passer la nuit devant le Très-Saint Sacrement exposé dans notre chapelle de Kentington. Je suis dans une grande joie, et je demande que l'Association de Paris rende grâce à JÉSUS-CHRIST pour la réussite de nos commencements... » — « La nuit de la fête de la Transfiguration de JÉSUS sur le Thabor, écrit-il à une autre personne, nos cœurs ont redit bien des fois avec suavité : Seigneur JÉSUS ! ah ! qu'il fait bon d'être ici !... La nuit s'est écoulée plus vite qu'un moment. »

⁎⁎⁎

Tout ce que nous avons dit déjà suffirait à justifier le titre d'*Apôtre de l'Eucharistie* donné au P. Augustin ; il n'a vécu que pour aimer et faire aimer la divine Eucharistie, JÉSUS-HOSTIE, comme il aimait à répéter. Du jour où la grâce divine toucha son âme en lui faisant sentir en quelque sorte d'une manière sensible la présence réelle de JÉSUS-CHRIST dans l'auguste sacrement de l'autel, son cœur ne cessa de battre pour lui, et sa langue ne cessa de publier ses louanges, ses grandeurs et ses vertus. Nous l'avons vu, jeune néophyte, instituer l'Adoration nocturne, œuvre admirable qui n'a fait

7

que croître et se développer avec le temps. Lorsqu'il est entré au Carmel, il n'a point renoncé pour cela à s'occuper de cette œuvre ; ses correspondances en font foi. « Ne croyez pas, écrivait-il dès le lendemain de son arrivée au Carmel d'Agen, ne croyez jamais, quoi qu'il en paraisse, que j'abandonne cette sainte œuvre ; non, c'est pour mieux la faire que je suis ici. » Et de fait, il a puissamment travaillé à sa constitution définitive et à son prodigieux développement.

Ajoutons ici quelques faits, recueillons quelques paroles échappées de son cœur.

Le P. Augustin n'a pas prêché un seul sermon sans parler du mystère ineffable de l'Eucharistie ; il s'y était engagé par un vœu spécial, et l'on peut affirmer qu'il y fut toujours fidèle. Tout ce qui touchait au culte eucharistique avait le don de le ravir et de l'absorber tout entier. Nous savons sa joie quand il pouvait contribuer à l'érection d'une nouvelle église ; elle n'avait d'égale que son affliction quand il voyait traiter d'une manière irrespectueuse les églises et les cérémonies sacrées.

Lorsqu'en 1859 il se rendit à Wildbad pour répondre à l'appel suprême de son père, il fut vivement impressionné lorsqu'on le conduisit dans une espèce de grande salle qui servait également à la célébration des offices catholiques et au culte protestant. Après y avoir célébré la messe avec des sentiments d'une profonde douleur et un redoublement d'amour, il demanda au prêtre dans quel endroit il gardait les saintes Espèces. Le pauvre curé le mena tristement dans une maison voisine, le fit monter au troisième étage, et là, dans une armoire vulgaire, il lui découvrit le ciboire renfermant le corps de JÉSUS-CHRIST. A cette vue, les larmes s'échappèrent en abondance des yeux du saint religieux ; il se jeta à genoux et il passa ainsi plusieurs heures, sans qu'on pût arrêter ses larmes ni le décider à quitter ce lieu, plus grand pour lui que tous les palais de la terre. Forcé enfin de s'arracher à son amoureuse contemplation, il apprit du curé que la pauvreté des catholiques ne leur permettait pas d'élever un autel à leur DIEU. En quittant la ville, le P. Augustin donna quelques

bonnes paroles d'espérance au pauvre prêtre, et il emporta
au fond du cœur le désir et la résolution de tout faire pour
arriver à élever à JÉSUS un nouveau temple.

Quelques semaines après il prêchait à Genève. Sa vue, ses
paroles d'humilité au début de son discours, son habit religieux, touchèrent vivement ceux qui s'étaient pressés autour
de la chaire et qui se souvenaient encore du célèbre pianiste. Avant de descendre de chaire, il fit un chaleureux
appel à la piété des auditeurs ; il leur raconta, les larmes aux
yeux et avec les accents d'une incomparable éloquence, ce
qu'il avait vu dans une ville d'Allemagne, et le lieu dans
lequel il avait trouvé l'adorable Eucharistie. A peine rentré à
la sacristie une dame se présente à lui : « Mon Père, lui dit-
elle, je reviens des eaux et je retournais en France avec mon
fils ; mais vos paroles m'ont touchée. Nommez-moi, s'il vous
plaît, la ville où le Saint-Sacrement est ainsi privé d'une
demeure ; je suis riche et, avec la grâce de DIEU, j'espère y
faire construire une église. »

Plein de joie, le Père donna tous les renseignements deman-
dés et, quelque temps après, il recevait du pieux curé de
Wildbad une lettre pleine de reconnaissance : il lui annonçait que son église se bâtissait.

Ce qu'il était pour la divine Eucharistie, nous pouvons le
deviner par la lettre suivante, dans laquelle il semble se
dépeindre lui-même :

« Vive JÉSUS-HOSTIE ! Que la divine Eucharistie soit votre
lumière, votre chaleur, votre force et votre vie !

» Je voudrais que vous viviez tellement par l'Eucharistie
que ce fût elle qui vous inspirât toutes vos pensées, paroles,
actions, affections ; qu'elle fût votre phare, votre oracle, votre
modèle et votre perpétuelle occupation ! — Je voudrais que,
comme Magdeleine répandait des larmes et des parfums sur
les pieds divins de JÉSUS, vous fissiez couler sans cesse au
pied du Tabernacle les flots de vos aspirations, de vos orai-
sons, de vos consécrations et de vos offrandes.

» Je voudrais que l'Eucharistie fût pour votre âme un foyer,
un brasier, où elle puisse se plonger pour en ressortir tout

enflammée d'amour et de générosité, et que l'autel de l'Eucharistie, où Jésus s'immole, reçût sans cesse la libation de
vos sacrifices, et que vous devinssiez vous-même, enfin, une
victime d'amour et de charité dont le parfum montât en
odeur de suavité jusqu'au trône de l'Éternel ! »

L'Eucharistie n'était-elle vraiment pas tout cela pour lui,
lui qui écrivait à sa nièce Marie, se préparant à sa première
Communion : « Je me suis retiré, depuis que je t'ai vue, au
fond d'un désert, afin de passer mes jours et mes nuits dans
des colloques incessants avec le Dieu de l'Eucharistie, de
sorte que, pour ainsi dire, ma vie entière se passe au pied du
Tabernacle ; et jamais je n'éprouve un moment d'ennui ni de
lassitude. »

« Je ne connais qu'un jour plus beau que celui de la première Communion, écrivait-il à une autre jeune fille, c'est celui
de la deuxième Communion, et ainsi de suite. »

C'est bien le même qui écrivait quelques mois avant sa
mort : « Je voudrais communier à chaque instant de la vie...
il n'y a que cela de bon et de doux. »

« Ah ! mes frères, s'écriait-il dans l'un de ses sermons,
je vous convie tous à ce festin ! Depuis que j'y ai porté les
lèvres, toute autre nourriture me paraît insipide. Jeunes gens
du monde, je connais vos délices trompeuses, je connais vos
assemblées brillantes, qui brillent un moment et puis se ter-
nissent d'une mortelle tristesse ; je connais tout ce que vous
pourchassez, j'ai goûté à toutes vos joies, et je vous en atteste,
vous êtes forcés de m'avouer qu'elles ne laissent après elles
que déboire et lassitude ! Oui, depuis que j'ai senti couler
dans mes veines le sang du Roi des rois, toutes les grandeurs
de ce monde sont pour moi ridicules ; depuis que Jésus-
Christ est venu habiter dans mon âme, vos palais me semblent de bien misérables chaumières ; depuis que j'ai résolu
de chercher la lumière dans le Tabernacle, toute la sagesse
du monde m'est évidente folie ; depuis que je m'assieds aux
noces de l'Agneau, vos festins me semblent empoisonnés ;
depuis que j'ai trouvé ce port du salut, je vous considère
avec douleur sur votre océan, fouettés par tant d'orages, et je

ne puis faire qu'une seule chose, c'est de vous faire signe de
la main, de vous héler, de vous appeler, de vous attirer au
port... Voyez, j'ai droit de m'offrir pour pilote, puisque j'ai
longtemps expérimenté les mers sur lesquelles vous voguez,
que j'y ai essuyé maintes tempêtes, que j'y ai été battu par
bien des ouragans. Si donc vous le voulez, je vous conduirai
avec l'aide de l'étoile polaire, je vous montrerai le chemin
du bonheur !... »

Nous renonçons à faire comprendre son amour pour la
divine Eucharistie, nous aimons mieux le laisser lui-même
nous dévoiler, dans de magnifiques élans, les ardeurs qui
dévoraient son âme. Cet amour était si puissant, si dominant,
qu'il ne pouvait donner longtemps la sainte Communion ou
porter le Saint-Sacrement sans éprouver une émotion si vive,
si forte, qu'elle ressemblait à l'ivresse ; et quand il sortait de
ces cérémonies, l'impression qu'il avait ressentie était telle
qu'il était véritablement épuisé, et il éprouvait cet étourdis-
sement et cette faiblesse dans tous les membres que produisent ordinairement de violentes commotions.

« O Jésus ! Eucharistie ! dans le désert de cette vie vous
m'apparûtes un jour ! vous me révélâtes votre grandeur,
votre lumière, votre beauté ! Vous changeâtes tout mon
être ; vous sûtes vaincre en un instant tous mes ennemis...
Puis, m'attirant par un charme irrésistible, vous avez excité
en mon âme une faim dévorante pour ce Pain de vie, vous
avez allumé dans mon cœur une soif brûlante pour votre
Sang divin... Puis est venu le jour où vous vous êtes donné
à moi. Il m'en souvient encore, mon cœur palpitait et n'osait
respirer. J'ordonnais à mes fibres de tressaillir moins vite, je
disais à ma poitrine de battre moins fort, de crainte de trou-
bler le doux sommeil que vous vîntes prendre au dedans de
mon âme en ce jour fortuné ! »

*
**

Cet amour pour l'Eucharistie se trahissait chez notre
Père dans tous ses discours ; on le voyait éclater dans toutes

ses lettres, et il n'y avait point jusque dans ses conversations familières où on ne le vît apparaître de la façon la plus naturelle.

Un jour, à la fin d'un repas, on lui offre du miel : « Je ne l'aime pas beaucoup, répond-il, mais j'en prends toujours, car c'est l'image de l'Eucharistie. »

Une autre fois, on louait devant le Père les ouvrages d'un auteur protestant, en faisant cependant quelques réserves. « Il est bien froid, disait-on. — Eh ! mon DIEU, répliquait le Père, où voulez-vous qu'il ait pris de la chaleur ? il n'a jamais communié ! » Et comme on insistait, en disant que c'était le fond de son caractère, qu'il était naturellement réservé et froid, il répétait toujours : « Il n'a jamais communié ! »

Il aimait les saints et les personnes qui avaient eu un culte spécial pour la divine Eucharistie. Sa joie fut grande, en Belgique, lorsqu'il vit les lieux où sainte Julienne reçut l'ordre de faire instituer la fête du Saint-Sacrement, et à Saintes, au souvenir de Marie Eustelle, cette pieuse fille qui a vécu et est morte en odeur de sainteté, et s'est en quelque sorte consumée d'amour devant le Tabernacle.

« L'introduction de la cause de la servante de DIEU Marie Eustelle, écrivait-il en 1869, est un événement que j'appelais depuis longtemps de mes vœux, et qui me remplit de consolation.

» Ce fut en 1850, pendant mon noviciat, que le Père Prieur mit entre mes mains les écrits de cette amante de l'Eucharistie, et plus je les relisais, plus je goûtais l'accent profondément tendre avec lequel Marie Eustelle parlait de ce mystère d'amour ; et l'on pouvait deviner à cet accent que dans son cœur était renfermé un trésor de tendresse encore bien plus riche qu'elle ne pouvait l'exprimer.

» Plus tard, lorsque j'eus à exercer le ministère sacerdotal, je recommandai fréquemment la lecture de ces pages enflammées, et elles produisaient, dans les âmes à qui je les fis lire, le même effet que dans la mienne, c'est-à-dire un sincère et vif désir d'obtenir l'accroissement de la dévotion envers la divine Eucharistie, et d'avoir une part dans la tendresse si suave et si brûlante que Marie Eustelle éprouvait pour ce Sacrement adorable.

» Voilà ce que j'ai pu savoir sur la servante de Dieu. Pour moi, je la tenais pour une sainte, et je m'informais souvent, auprès des diocésains de La Rochelle si l'on ne commençait pas le procès de sa béatification. »

Ce que le Père dit de la Vénérable Marie Eustelle, on peut le redire à son sujet : on devine à son accent que son cœur renferme un trésor de tendresse plus riche qu'il ne peut l'exprimer. « Jésus au Sacrement de son amour, écrit-il à sa nièce, est le seul objet de ma vie, de mes prédications, de mes chants et de mes affections ; c'est au mystère de l'Eucharistie que je dois le bonheur d'avoir été converti à la vraie foi, et d'avoir pu y conduire ta tante, ton cousin Georges et même ton cher papa. »

Pour bien connaître le P. Augustin, il fallait le voir à l'autel. Sa radieuse physionomie s'éclairait alors d'un rayon vraiment surnaturel : il n'était comparable qu'au Curé d'Ars.

**

Cette existence, que l'Eucharistie avait purifiée, transformée, qu'elle rendait si active et si féconde qu'on pourrait la comparer à la flamme qui brille sur l'autel quand le Roi d'amour y apparaît pour bénir ses enfants, se consuma bien vite, comme le cierge lui-même.

Le 19 janvier 1871, remplissant avec un incomparable dévouement les fonctions d'aumônier volontaire auprès des soldats renfermés dans la forteresse de Spandau, il mourut des suites de la petite vérole, contractée au chevet d'un soldat qu'il avait administré.

Dans la soirée de ce jour, il se confessa, se recueillit profondément et reçut la sainte Communion à neuf heures. Il resta longtemps absorbé dans son action de grâces. A onze heures, ses gardes lui demandèrent sa bénédiction. Il étendit alors les bras et prononça lentement, majestueusement, les paroles de la bénédiction. Il retomba sur sa couche : « Et maintenant, murmura-t-il, ô mon DIEU, je remets mon âme entre vos mains ! »

Ce furent ses dernières paroles.

Louis Veuillot a fait du P. Hermann ce magnifique éloge :

Mgr de la Bouillerie.

« Il avait toute simplicité, toute candeur, toute humilité *tout amour de tout bien*. »

Et Mgr de la Bouillerie a résumé sa vie en deux mots: « La nature l'avait fait grand artiste, la grâce en fit un grand chrétien. »

LITTRÉ.

(1801 – 1881.)

Littré (Maximilien-Paul-Émile) naquit à Paris le 1er février 1801. Il ne fut baptisé qu'en 1881. Comment cette conversion s'est-elle opérée ? C'est ici un miracle de la grâce, en même temps que l'effet de la prière et de la vertu de deux femmes chrétiennes.

A dix-huit ans, Littré avait achevé ses classes. A vingt ans, il se consacra à l'étude de la médecine, mais il montrait en même temps une aptitude extraordinaire pour l'étude des langues ; dès cette époque, il connaissait l'allemand, l'anglais, l'italien, le grec, le latin et le sanscrit.

Il étudia la botanique et l'anatomie, suivit les cours et les cliniques, et fut admis comme interne dans divers hôpitaux.

En 1827, il perdit son père. Pour subvenir aux besoins de sa mère, restée sans fortune, il abandonna la carrière médicale et donna des leçons de latin et de grec.

Tout le monde connaît le *Dictionnaire de la langue française* qui porte son nom.

En 1839, il fut élu membre de l'Adacémie des Inscriptions et Belles-Lettres.

En 1870, il remplaça M. Villemain à l'Académie française.

Il était en outre sénateur inamovible.

Littré avait été reçu franc-maçon en 1875 en même temps que Jules Ferry. Il fut pendant toute sa vie un matérialiste ardent.

Cependant Dieu dans sa miséricorde lui donna quelque chose de plus précieux que la richesse et la gloire : il lui donna pour épouse une femme vertueuse. C'est le propre de la vertu de communiquer quelque chose de son parfum à tout ce qui la touche. Les amis de Littré nous en laissent de beaux et touchants témoignages.

**

« Très libéral, M. Littré trouvait juste que son épouse conservât ses croyances. Jamais il ne combattit sa foi religieuse, jamais une ironie, jamais un sarcasme ne vint blesser les convictions si profondes de son épouse.

» Un jour, au milieu de ses crises si fréquentes et si dangereuses pour le malade, M. Littré s'évanouit. Mme Littré, doucement, avait détaché de sa poitrine une petite médaille bénite et l'avait passée au cou de son mari.

» Le savant, reprenant connaissance, enleva la médaille et la remit à Mme Littré. Et, penchant sa tête sur les mains de sa femme, il y déposa un baiser sans murmurer un seul mot.

» Chaque semaine, le vendredi, M. Littré faisait servir sur sa table un menu maigre. »

Ce témoignage est du journal la *Patrie*.

L'académicien Legouvé nous raconte ce que fit Littré le jour où il eut une fille.

« Le jour de la naissance de sa fille, Littré dit à la mère :

« — Ma chère amie, tu es une catholique fervente et pratiquante. Élève ta fille dans les habitudes de piété qui sont les tiennes. Seulement j'y mets une condition. Le jour où elle aura quinze ans, tu me l'amèneras, je lui exposerai mes idées, et elle choisira.»

» La mère accepte ; les années s'écoulent; un matin elle entre dans le cabinet de son mari :

« — Tu te rappelles ce que tu m'as demandé et ce que je t'ai promis. Je viens tenir ma promesse. Ta fille est là prête à t'entendre avec tout le respect et toute la confiance que lui inspire un père chéri et vénéré. Veux-tu qu'elle entre?

» — Oh ! certes oui ! Mais pourquoi ? Pour que je lui expose mes idées ? Non ! non ! mille fois non ! Quoi ! tu as fait de notre enfant une créature bonne, tendre, simple, droite, éclairée et heureuse ! heureuse ! ce mot qui, chez un être pur, résume toutes les vertus ! et tu crois que je vais jeter mes idées au travers de ce bonheur et de cette pureté ? Mes idées ! mes idées !... elles sont bonnes pour moi. Qui me dit qu'elles seraient bonnes pour elle ? Qui me dit que je ne risquerais pas de détruire ou d'ébranler ton œuvre ? Oh ! oui, que notre fille entre, chère femme ! pour que je te bénisse devant elle de tout ce que tu as fait pour elle, et qu'elle t'aime encore un peu plus qu'auparavant ! »

Et M. Legouvé ajoute :

« Moi aussi j'ai eu et j'ai encore autour de moi des âmes croyantes, et, comme Littré, je me tiendrais pour criminel si jamais je troublais par mes doutes, si j'offensais par mes railleries, si j'ébranlais par mes objections, les convictions religieuses d'où ces êtres si aimés n'ont jamais tiré que des joies, des consolations et des vertus. »

**

Littré protesta contre la suppression des écoles congréganistes. Non content de critiquer ces viles persécutions, il faisait remettre chaque année, au curé de Notre-Dame-des-Champs, une somme de trois cents francs pour les écoles libres.

Il protesta également contre toutes les persécutions religieuses.

Il observait le dimanche beaucoup mieux que certains chrétiens. Un menuisier demeurant au rez-de-chaussée de sa maison disait un jour : « On ne mettrait pas un clou chez lui le dimanche. L'année dernière il m'avait commandé une demi-douzaine de porte-manteaux. Le dimanche, je vois partir les dames avec leur livre de messe à la main ; alors je monte en pensant : « Quelle chance ! il n'y a pas de danger qu'il m'empêche de travailler, lui. » Ah ! bien oui ! il m'a renvoyé. « — Mais, Monsieur Littré, il n'y a que deux ou trois clous à mettre. — Revenez demain. — Mais puisque

Madame est à la messe. — C'est égal ; elle serait contra-
riée.»

Et son dernier soupir a été encore une sorte de protesta-
tion contre la plus infâme de toutes les persécutions : celle
qui prive les pauvres malades des hôpitaux de l'assistance
des Sœurs et des secours de la religion. Pendant les six
derniers mois de sa vie, Littré a été veillé, soigné par deux
Sœurs hospitalières.

**

Au mois d'octobre 1875, le docteur Glaude Bernard,
homme éminemment religieux, prenait quelques jours de
repos dans son pays natal. Dans une réunion, parlant des
célébrités de notre époque, il laissa échapper le nom de
Littré, dont il loua l'immense érudition. Quelqu'un essaya
de faire quelques critiques au sujet du matérialisme du trop
célèbre positiviste. Claude Bernard interrompit :

« — Messieurs, dit-il, je connais M. Littré ; il est mon
ami. Je serais fort étonné s'il ne finissait pas bien. Il a pour
femme une intelligente et grande chrétienne et pour fille un
ange de piété. »

Alors, se tournant vers un ecclésiastique présent à la conversation, il ajouta :

« — Monsieur le curé, vous devez savoir ce que cela vaut
dans l'entourage d'un homme ! »

Et, à l'appui de cette appréciation, l'éminent physiolo-
giste raconta l'anecdote suivante :

« Il y a quelque temps, un de nos amis communs nous
invitait à déjeûner, M. Littré et moi, pour un jour *déterminé*.
« — Pour ce jour-là, répondit M. Littré, je ne puis accepter
aucune invitation : ma fille fait sa première Communion.
Je serai donc en fête chez moi et à l'église : impossible à
moi d'être des vôtres ce jour-là. »

» Convenez, dit en terminant Claude Bernard, qu'un
homme qui a de pareils sentiments n'est pas foncièrement
mauvais ni absolument hostile à la religion. »

∗

Effectivement Littré s'était mis à lire avec assiduité les
œuvres du P. Lacordaire, celles de l'abbé Perreyve, le catéchisme du diocèse, la Vie du P. Olivaint, etc. Il entrevit dans
ces lectures des vérités qu'il n'avait jamais soupçonnées. Il
dit un jour en fermant la Vie du P. Olivaint : « Décidément
ces hommes valent mieux que nous. »

Ses relations avec le P. Millériot étaient très cordiales. La
franchise militaire du bon Père lui plaisait ; il lisait avec attention ses lettres et les gardait près de son chevet ; il recevait avec reconnaissance ses visites, sans lui permettre, il est
vrai, d'aborder la grande question.

Un jour il apprend que son ami était mort de la mort
des saints en priant pour lui.

Voici quelle fut sa réponse :

« C'est vivre quelques jours de trop que de vivre pour voir
» mourir des hommes tels que le P. Millériot. C'est une
» grande perte pour moi. Il a été pour moi d'une bonté an-
» gélique. Il m'aimait sans que rien en moi pût motiver cette
» affection de sa part : je ne la méritais pas ; mais j'en jouis-
» sais comme d'une grâce, et je lui en étais bien reconnais-
» sant. *La grâce nous est donnée sans qu'on la mérite, vous le*
» *savez mieux que moi.*

» Remerciez beaucoup le Père supérieur, et dites-lui que la
» démarche qu'il fait aujourd'hui près de moi m'est bien dou-
» loureuse en son motif, mais qu'elle m'est aussi bien douce
» par l'attention qu'il me témoigne. »

∗

Littré reçut à quatre-vingts ans, un peu avant de mourir, la
grande grâce du baptême.

Pendant la longue maladie qui précéda son trépas, il eut
presque tous les jours des entretiens avec M. l'abbé Huvelin,

vicaire de Saint-Augustin. Au milieu de ses souffrances, il répétait souvent cette parole :

« Ils sont heureux ceux qui ont une foi en ce moment ! »

Cette foi, désir suprême du mourant, lui a été donnée avec le baptême, et sa conversion fut éclatante.

Littré avait fait un testament où il exprimait la volonté d'être enterré sans aucune cérémonie religieuse. Mais, pendant sa dernière maladie, il demanda jusqu'à quatre fois que ce premier testament fût détruit : on le brûla devant lui et il en fit un autre. Il demanda lui-même que son corps n'allât point à sa dernière demeure sans les prières de l'Église.

C'est un magnifique spectacle que celui de cet illustre vieillard inclinant son front sous l'eau du baptême et récitant le *Credo* des enfants de l'Église. C'est aussi un magnifique triomphe de la religion catholique.

LOUIS VEUILLOT.

(1813 – 1883.)

C'EST l'illustre écrivain qui racontera lui-même l'histoire de sa conversion.

« Il y avait autrefois, non pas un roi et une reine, mais un ouvrier tonnelier qui ne possédait au monde que ses outils et qui, les portant sur son dos, l'hiver à travers la boue, l'été sous l'ardeur du soleil, s'en allait à pied de ville en ville, de campagne en campagne, fabriquant et réparant tonneaux, brocs et cuviers... Il se nommait François, il était né dans la Bourgogne, il ne savait pas lire, il ne connaissait que son métier...

» Un jour, traversant une bourgade du Gâtinais, il vit, à la fenêtre encadrée de chèvrefeuille d'une humble maison, une belle et robuste jeune fille qui travaillait en chantant ; il ralentit sa marche, il retourna la tête et ne poussa pas sa route plus loin. La fille était vertueuse, elle aimait le travail, l'honneur brillait sur son front parmi les fleurs de la santé et de la jeunesse, un sens droit et ferme réglait ses discours : les fortunes étaient égales, le mariage se fit...

» Riche désormais d'une bonne et fidèle compagne, le pauvre ouvrier nomade fixa sa tente aux lieux où la Providence avait permis qu'il trouvât ce trésor, persuadé que là aussi se trouverait le pain, jadis errant, de chaque jour. Un enfant naquit. » — C'était à Boynes (Loire), le 11 octobre 1813.

L'enfant reçut au baptême le nom de Louis.

« Mon père et ma mère, continue t-il, se conduisaient d'après les règles d'une probité rigide ; ils élevaient à la sueur de leurs fronts quatre enfants, car après les deux garçons étaient venues deux filles ; ils travaillaient sans cesse. Pas de fête, pas de repos, pas de nuit en quelque façon pour eux ; ils ne cessaient de travailler que quand l'excès des fatigues et des privations amenait une maladie ; ils nourrissaient de leur sang et de leurs jours cette nombreuse famille qui avait toujours faim ; ils venaient, avec une générosité sublime, au secours de leurs parents encore plus misérables qu'eux.

Louis Veuillot.

» Hélas ! ils remplissaient de la religion tous les devoirs, moins ceux qui consolent et qui font espérer. En nous épar-

gnant tout ce qu'ils pouvaient nous sauver de leurs souffrances, ils ne savaient que nous dire : *Habituez-vous à la
peine, vous en aurez !* Et pas un mot de DIEU... Enfants tous
deux à l'époque où l'on massacrait les prêtres, ils n'en avaient
point trouvé dans leurs villages pour les élever, et tout ce
qu'en vieillissant ils avaient entendu dire aux plus habiles
qu'eux, de l'Église et des ministres de la religion, leur en
inspirait l'horreur. Seulement ma mère, par un reste des traditions de sa mère, voulait que j'allasse le dimanche à la
messe, où elle venait aux grandes fêtes, et m'avait appris
quelques bribes de l'*Ave Maria*, que je récitais le soir au
pied de mon lit.

» Partageant le sort des enfants du pauvre dans ce qu'il y
a de plus mauvais, je n'eus pas le bonheur d'aller à l'école
des Frères. Ma mère nourrissait contre ces bons religieux les
préventions que l'on répand dans le peuple, aveuglé et trahi
jusqu'à ne plus comprendre la charité. D'ailleurs, le Conseil
municipal du lieu que nous habitions avait, dans l'idiotisme
de sa tyrannie subalterne, pris des mesures pour que les
Frères n'y vinssent pas faire concurrence à l'école mutuelle
qu'il protégeait.

» Je fus donc jeté dans cette école mutuelle ; il fallait tous
les mois deux journées de travail de mon pauvre père, (je n'y
pense que la sueur au front, mon père en est mort à la peine !)
il fallait deux journées de ce travail sacré pour payer les leçons
de corruption que je recevais de mes camarades et d'un maître qui était ivre les trois quarts du temps. Cet élu du Conseil
municipal, n'ayant pas assez, pour sa soif, de sa classe et de
son monopole, tenait encore abonnement de lecture, et nous
faisait porter aux dames et aux puissants de l'endroit les
romans de Paul de Kock, de Lamothe-Langon, etc. On pense
si nous nous privions de lire ces beaux ouvrages en les col-
portant ainsi. Je n'y manquais pas pour ma part, et il est telle
de ces lectures maudites dont mon âme portera toujours les
odieuses plaies.

» Cependant l'école était *religieuse :* nous avions réguliè-
rement congé aux moindres fêtes, jours où, non moins régu-

lièrement, notre vénérable instituteur se couchait mort-ivre ; et l'on nous faisait le catéchisme ! Ce fut à la suite de cet enseignement que je fis ma première Communion. Que le crime en retombe sur d'autres têtes ! je n'ai pas à le porter tout entier. Ils sont heureux ceux qui marchent dans la vie sous la protection et le souvenir des grâces de ce beau jour ! On m'enleva ce bonheur.

» Poussé à la Table sainte par des mains ignorantes ou tout à fait impies, je m'en approchai sans savoir à quel redou- table et saint banquet je prenais part ; j'en revins avec mes souillures, je n'y retournai plus. Pardonnez-moi, mon DIEU, et pardonnez-leur !...

*
* *

» Ma première Communion faite, j'eus à gagner ma vie. A la maison l'appétit allait croissant en même temps que décroissaient, usées par un rude travail, les forces de mon père... Il fallut songer à me donner un état...

» Des amis me cherchèrent une place. Vingt francs par mois me furent offerts dans une étude d'avoué ; on m'y plaça.

» J'allai demeurer hors de la maison paternelle. J'avais treize ans.

» Abandonné dans le monde, sans guide, sans conseils, pour ainsi dire sans maîtres, à treize ans, sans DIEU, ô desti- née amère ! je rencontrai de bons cœurs, on ne manqua pour moi ni de générosité ni d'indulgence ; mais personne ne s'oc- cupa de mon âme, personne ne me fit boire à la source sacrée du devoir. Les rues de Paris faisaient l'éducation de mon intel- ligence ; les propos de quelques jeunes gens au milieu des- quels j'avais à vivre, celle de mon cœur : hors un qui vint trop tard et s'en alla trop tôt... Ceux qui m'aimaient le plus me menaient aux spectacles, ceux qui me trouvaient de l'intel- ligence me prêtaient des livres, et je continuai par moi-même, en pleine liberté, les études que j'avais si bien commencées sur M. Paul de Kock et sur M. Lamothe-Langon... Ni en

bas ni en haut de l'échelle, ni autour de moi ni au-dessus de
moi, je ne voyais rien qui m'enseignât à prier... »

Louis Veuillot raconte ensuite ses premières armes dans
la presse.

Un de ses camarades lui offrit une place dans l'*Écho de
Rouen*, feuille nouvellement fondée. La place fut acceptée.
Le jeune journaliste, — il n'avait que dix-sept ans, — travailla d'abord au feuilleton du journal ; mais il aborda bientôt la vie politique.

« J'étais dévoué : la jeunesse a besoin de se dévouer.
Quant aux nécessités véritables de la société, quant aux bases
de l'ordre et aux devoirs inhérents par le fait au titre
de citoyen, ni moi, ni la presque totalité de mes lecteurs, ni
mes adversaires, — c'est une justice que j'ai à nous rendre,
— n'en savions un mot... De ces querelles mesquines, de ce
dévouement fourvoyé, de ces passions ignorantes, j'essayais
de remplir une âme où chaque jour mouraient les fragiles
fleurs du printemps ; mais plus j'allais, plus il s'y trouvait des
places vides, et dans ces landes désolées germaient bien des
remords... »

En 1832, Louis Veuillot quitta Rouen pour Périgueux, où,
pendant cinq ans, il fut rédacteur du *Mémorial de la Dor-
dogne*. En 1837, il revenait à Paris continuer son métier de
journaliste.

Dieu plaça sur son chemin un de ces amis chrétiens qui
sont une des grâces les plus précieuses de la divine miséricorde. Sous la conduite de cet ange envoyé par le Ciel
pour l'éclairer et le sauver, le jeune homme se rapprocha de
Dieu ; son âme se troubla ; une immense tristesse l'envahit,
cette tristesse de l'âme qui cherche la lumière et ne peut
l'entrevoir à travers les ténèbres qui l'environnent. C'était le
premier travail de la grâce.

A ces faibles lueurs allait succéder bientôt l'éblouis-
sante, la pleine lumière de la vérité ; et cette vérité, c'était à
la source même que le jeune homme allait la puiser ; c'était
à Rome, la ville bénie, à Rome, la patrie des chrétiens, sur

le tombeau des saints apôtres, que les yeux de son âme allaient s'ouvrir.

« Je ne sais quelle pensée me mena chez Gustave (Gustave-Olivier Fulgence, son ami). Je le vis entouré de cartes, de paquets, d'objets de toutes sortes, se préparant à partir pour un long voyage.

» — Viens avec moi, dit-il; sors de Paris, sors de la France ; emploie une année à courir le monde, peut-être tu t'en trouveras bien. » Jamais pareil projet ne m'était venu ; je n'avais pas les moyens de faire ce voyage ; pour mille raisons c'était une folie.

» Huit jours après, cependant, j'avais quitté Paris et, le cœur déjà plus léger, je courais sur la route de Marseille. Je croyais aller à Constantinople : j'allais plus loin. J'allais à Rome, j'allais au baptême. »

***

La lumière commençait à se faire, de vagues repentirs agitaient son âme. « Secrètement attiré vers un but entièrement inconnu, mais arrêté par des obstacles qu'il ne voyait pas et qu'il craignait de voir », il trouvait au milieu de ses inquiétudes, de ses troubles et de ses plaintes, « je ne sais quel avant-goût de sérénité jusqu'alors ignoré même de ses jours les plus heureux. »

Et « la nuit, lorsque, enfermé dans l'étroite case de sa cabine comme dans un cercueil, il entendait les flots qui secouaient le navire battre avec violence la mince cloison qui le séparait d'eux, » il sentait combien il était peu de chose au point de vue de sa pauvre personne, et parfois il avait l'instinct des grandes vérités qui nous relèvent tant.

Cependant les amis abordèrent à Civita-Vecchia, et quatre chevaux les entraînèrent bientôt vers la Ville Éternelle.

Tout à coup, du sommet d'une petite hauteur, quelque chose se montra au fond perdu de l'horizon. « C'est Saint-Pierre ! s'écrie Gustave avec une expression de religieuse

tendresse. — C'est Rome ! » dit en même temps Louis avec
une joie de collégien.

ROME. — Le Vatican.

Deux heures après, à la nuit tombante, ils entraient dans
Rome par la porte Cavaligiera. Comme ils longeaient la

colonnade de la place Saint-Pierre : « Quel beau jour ! lui dit Gustave en lui serrant la main. — En vérité, » répondit Louis.

Mais il ne savait pas encore combien ce jour était heureux pour lui. C'était le 15 mars 1838.

Gustave et Louis avaient des amis à Rome : Adolphe et sa femme.

Adolphe, vieil habitué de Rome, voulut tout de suite leur faire voir quelque chose de cette cité reine et mère qu'on se plaît toujours à nommer la Ville Éternelle et que nous nommons encore la ville bien-aimée, la chère Rome, *Alma Roma*.

Les rues étaient désertes, Rome s'endort de bonne heure ; mais les lampes veillaient devant les madones, et l'air est toujours plein de souvenirs qui ne s'endorment pas. Adolphe et Gustave parlaient des papes, des saints, des martyrs ; Louis essayait timidement de mêler à leur causerie Horatius Coclès et Scipion l'Africain. Pour le contenter, Adolphe les con-duisit au Capitole. « Cet escalier, lui dit-il comme ils y mon-taient, est une construction de Michel-Ange, et voici la statue de Marc-Aurèle. » Il ajouta pour Gustave : « Ici près est l'église de l'*Ara-Cœli*. On y célèbre aujourd'hui les Quarante-Heures : entrons et rendons grâces à DIEU qui nous rassem-ble si heureusement. »

« Nous trouvâmes, dit M. Veuillot, une église resplendis-sante, mille cierges allumés sur l'autel et la nef remplie d'une foule agenouillée pieusement : gens du peuple, femmes, enfants, bourgeois, prélats, confondus sur les dalles, tous humbles, tous recueillis. Le seul bruit qui s'élevât au-dessus du murmure des prières était le cliquetis presque impercep-tible des chapelets. Mes compagnons s'adressèrent à DIEU. Je ne voulus pas rester seul debout dans cette église ; mais je laissai aller de tous côtés mes regards, guère moins étonné que jadis les Gaulois mes ancêtres à l'aspect des choses étran-ges que Rome leur montrait, et guère moins sauvage qu'eux. »

Il fit cependant une courte prière. Sa pensée retourna jusqu'à cette France où il avait laissé ses sœurs : il pria DIEU d'étendre sa protection sur ces deux enfants. « Je ne pouvais, nous dit-il, je n'osais, je ne savais demander rien de plus. »

De l'*Ara-Cœli* ils allèrent au Forum, et du Forum à l'arc de Titus, sous lequel on assure que maintenant encore les juifs évitent de passer. La lune, en donnant à toutes ces ruines un plus solennel caractère, leur laissait voir sous leurs pieds le vieux pavé des vieux Romains, et quiconque a souhaité une fois en sa vie de voir Rome comprendra la magie des paroles que le vent et la nuit, en passant sur toutes ces grandes choses, semblaient faire entendre à leurs âmes émues.

Telle fut leur première journée, journée pleine, grande et chère journée.

« Dans mes rideaux de lit, continue M. Veuillot, s'enfermèrent avec moi, et la mer, et le printemps, et les ruines, et les souvenirs chrétiens évoqués par mes amis, et les souvenirs romains dont j'avais la tête chargée : ce sombre Capitole, cet autel resplendissant, cette prière où j'avais trouvé une secrète douceur..., vives impressions qui ne disparurent pas quand vint enfin le sommeil. »

Les jours suivants, ces douces et fortes émotions ne firent que se renouveler par le spectacle de tout ce que Rome renferme de solennel et d'imposant. Saint-Pierre surtout produisit sur lui une salutaire impression, plus par l'idée qui respire là que par le côté matériel de l'édifice.

« Saint-Pierre de Rome est l'église du pape ; c'est l'église de l'Église ; c'est le plus vaste et le plus magnifique édifice que les hommes aient consacré à Dieu ; c'est le foyer d'une pensée dont les rayons enveloppent le monde ; c'est le tombeau de ce pêcheur de Judée, de cet homme simple, sans lettres, grossier même, à qui nous ne pouvons nier qu'il a été dit : *Tu es Pierre, et sur cette pierre j'édifierai mon Église.*

» Tout, du reste, dans cet édifice est colossal, tout y semble éternel, tout y a un nom retentissant. »

Les statues des saints, les tableaux qui représentent les scènes les plus solennelles de leur vie, la Confession de saint Pierre, où les reliques sacrées du prince des apôtres reposent avec celles de saint Paul, les nombreux confessionnaux distribués dans la vaste basilique, et qui portent pour enseignes toutes les langues de l'Europe, le jetèrent dans de sérieuses réflexions.

Ses amis « avaient obtenu la faveur d'entendre la messe dans la petite chapelle si spécialement sanctifiée par le tombeau des apôtres. » Il y descendit avec eux. C'était, depuis dix ans, peut-être la première fois qu'il assistait au saint Sacrifice : il se tenait derrière tous les autres, debout dans le plus sombre recoin de la chapelle, et il suivait avec une curiosité émue les cérémonies.

Adolphe et sa femme y communièrent.

« Lorsqu'ils quittèrent la sainte Table pour revenir à leur place, dit M. Veuillot, je vis sur leurs traits, faiblement éclairés par les cierges de l'autel, tant de recueillement, tant de sérénité, la peinture enfin d'une paix si profonde, que j'en fus pour ainsi dire aigri. Je jetai les yeux sur Gustave ; il était prosterné dans sa prière. Je me trouvai malheureux ; je trouvai Dieu injuste envers moi de m'exclure seul de cette paix et de cette joie, la même pour le vieillard mourant, pour les jeunes époux, pour le père loin de ses enfants, et souveraine dans tous les cœurs. Il me semblait que les autres étaient en ce lieu dans la maison de leur père, que j'y paraissais, moi, comme un étranger dont on ne s'occupe pas. »

Et cependant Dieu et ses amis s'occupaient de lui, et il allait bientôt ressentir les heureux effets de sa miséricorde et de leur charité.

Le soir du même jour ils étaient chez Adolphe.

Au moment de se séparer :

« — Que ne faisons-nous la prière ensemble ? » dit Élisabeth.

Gustave et Adolphe se mirent à genoux. Louis, non sans murmurer, les imita.

« Jésus a promis d'être avec ceux qui se réuniraient pour prier. » Il vint au milieu d'eux, et sa présence ne fut point perdue pour M. Veuillot.

« Lorsque Adolphe, nous dit-il lui-même, eut à haute voix commencé la prière : « Mettons-nous en la présence de

Dieu et adorons-le, » ma vie passa comme un éclair dans ma mémoire ; il me sembla que personne jamais ne m'avait dit rien d'aussi honorable ni convié à rien d'aussi doux, et je fus, par la miséricorde divine, moins loin de la disposition où il faut être pour prier. »

Les formules usuelles généralement adoptées par les catholiques de France sont très douces, très simples, très belles ; Bossuet, Fénelon, d'autres illustres conducteurs d'âmes, les ont composées du suc des Livres sacrés ; mais elles semblent faites pour tout le monde, tant elles vont droit à tous les cœurs. Elles furent pour lui une excellente leçon de doctrine et de morale chrétiennes. Ces accents de tendresse élevés vers le Ciel ; ces protestations de foi, d'espérance et de charité ; cet examen de conscience sur le mal commis envers Dieu, envers le prochain, envers nous-mêmes ; ce pardon demandé pour toutes les fautes de la journée ; cette nuit qui commence, placée sous la protection de l'ange gardien ; ces vœux de la fraternité catholique pour les parents, pour les amis, pour les pauvres, les prisonniers, les voyageurs, les malades, les agonisants et pour les ennemis, pour tout ce que l'on doit chérir et pour tout ce qui souffre dans le monde ; ce pieux souvenir donné aux morts ; ces vieilles prières de l'Église enchâssées comme des pierres précieuses dans l'or pur de tant de supplications aimantes ; le *Pater*, si plein d'abandon et de filiale confiance ; le *Credo*, si vaillant et si robuste de foi ; l'*Ave*, qui mouille les yeux de pleurs : c'était cela que souhaitait son âme, c'était la pleine lumière qu'il attendait ; et toute la douce paix du chrétien, cette paix tant cherchée, cette paix qu'il niait parce qu'il ne la pouvait comprendre, lui fut expliquée dans un jet éblouissant de foi et d'amour.

Un instant après, il se souvenait à peine et il se croyait dupe d'un de ces attendrissements qu'il était accoutumé d'éprouver à l'aspect soudain de belles choses dans l'ordre moral et dans l'ordre extérieur. Il le dit franchement à Gustave.

« Mon enfant, lui répondit celui-ci, je ne veux point te

blesser, mais voici l'enseignement de la foi : Dieu ne se plaît et ne réside que dans les cœurs purs. »

Louis sentait lui-même la justesse de cette parole ; néanmoins il hésitait, et il nous a tracé dans une page pleine d'éloquence les déchirements de son âme.

Il avait pris l'habitude de la prière et ne rougissait plus de prier.

» Or, dit-il, que demanderai-je à Dieu ?

» J'avais une prière qu'il m'avait lui-même enseignée : *Ayez pitié de moi !* C'était le cri de ma faiblesse, car, au milieu de cette foi naissante, j'étais si combattu que je ne pouvais former un désir ; ou plutôt tant de désirs contraires se succédaient en moi, et si vite, que je ne pouvais savoir ce que je désirais véritablement, et que je ne souhaitais toujours que ce que je n'éprouvais pas. Pressé par ma raison, pressé par ma conscience, et (je crois que je le puis dire aussi) pressé de Dieu, me sentais-je tout prêt de faire enfin profession de foi chrétienne, d'aller enfin me jeter aux pieds d'un prêtre, et de mettre entre mon passé et mon avenir la barrière d'un engagement sacré...., tout aussitôt le regret de ce qu'il fallait quitter serrait mon cœur dans une étreinte de fer. Je me donnais les lâches raisons que l'on se donne toujours : Que j'étais bien jeune ; que je n'avais pas commis tant de fautes ; que sans doute Dieu m'avait pardonné, puisqu'il me laissait vivre ; qu'il pardonnerait encore ; que des erreurs innocentes ou des emportements de jeunesse n'étaient pas dignes de son courroux ; que, s'il était bon, je n'avais rien à craindre ; que, s'il était injuste et sévère, (pardonnez-moi ces blasphèmes, Seigneur !) mes prières ne me sauveraient pas, et que j'avais bien le droit de me révolter.

» Et ces lâchetés ramenaient tous les doutes. Qui m'assurait de la divinité de l'Église ? Qui me persuadait que Dieu, par un secret renfermé dans sa pensée souveraine, n'avait pas abandonné le monde aux œuvres du monde ? Ne s'était-il pas décidé à laisser vivre l'homme comme il l'entendrait, maître de suivre l'un ou l'autre des penchants divers qui le combattent toujours, ayant pour seule récompense ou pour

seule punition ou la paix ou le trouble de son âme ? Évitant
d'envisager plus à fond ces sophismes, je me hâtais de se-
couer toute pensée, tout projet de conversion.

  » Je laissais errer mes yeux, je laissais errer mon cœur,
avec une ivresse emportée, dans le monde de tous mes
anciens délires, comme dans un domaine enchanté dont
j'avais failli échanger les jouissances contre la tristesse et
l'ennui d'une prison. Il n'était coupe amère et breuvage em-
poisonné, dont mes lèvres s'étaient détournées jadis avec dé-
goût, qui ne me parût délicieuse, et où je ne voulusse boire
à satiété. J'entassais des projets, je rêvais toutes les indépen-
dances, je me promettais de faire en sorte que je n'aurais à
répondre ni de mes actions ni de mes pensées ; il me semblait trop cruel même de ne pouvoir être fou. Réfugié au
sein de mes mauvais souvenirs, et plus coupable dans mes
yeux que je l'avais été dans mes œuvres mêmes, je me reprochais ce que j'avais eu de retenue et de paresse ; je me
reprochais d'avoir été fatigué, de n'avoir pas saisi toutes les
occasions de mal faire. C'est pour cela, me disais-je, que l'ennui m'a désolé.

  » Et l'homme, le pauvre être misérable qui tout à l'heure
s'enthousiasmait au spectacle de la vie des saints, .. maintenant, évoquant d'autres images, se forgeait une espérance
d'imiter ces héros de l'enfer qu'il avait vus, libres et gais sous
le faix des scandales, montrer effrontément partout un visage où la conscience anéantie ne faisait plus monter aucune
rougeur. « Je ferai comme eux ; j'ai autant d'esprit, j'aurai
autant de hardiesse : je triompherai de moi, et je triompherai
d'eux encore ; je les effacerai. »

  » Mille visions folles, stupides, m'emportaient loin de
Rome, loin de mes amis, loin de DIEU surtout, au milieu de
Paris, parmi les âmes infortunées que j'y avais aperçues,
rêvant les succès misérables qui s'y font, et les applaudissements des théâtres, et les éloges des journaux, et la confrater-
nité des orgies, des trahisons, des luttes, tant que pourrait
aller mon esprit, tant que pourrait aller mon corps, jusqu'à
ce que je fusse épuisé, assouvi, repu... Et alors, disait une

voix qui me faisait rougir et que j'aurais voulu ne pas entendre, mais qui partait des profondeurs de mon âme, alors
tu te convertiras ! Je cachais dans mes mains mon visage, où
il me semblait que ces odieuses pensées imprimaient un sceau
de bassesse; je versais des larmes de dépit, je m'écriais presque avec colère : « Si vous êtes Dieu, ayez pitié de moi ! »
Ces emportements me persécutaient au pied des autels
comme ailleurs. Parfois je m'en faisais un argument contre
Dieu, qui ne savait pas leur défendre l'entrée de ses temples;
parfois ils me rappelaient cette sage parole : Dieu habite les
cœurs purs. »

* *
*

Rome, ce livre des ignorants, par ses pieuses merveilles
aidait à l'action de la voix secourable qui gémissait dans
son âme, et ses amis lui présentaient goutte à goutte le vase
enduit du miel des miracles, dont est remplie la forte doctrine qui donne la vie.

Enfin, de Paris d'où lui venaient tant de bouffées pesti-
lentielles, quelques bons souvenirs aussi lui arrivaient sur
les ailes de l'ange qui veille au salut des familles. — Depuis
qu'il pensait sérieusement à son salut, le devoir que lui im-
posait l'existence de ses sœurs lui devenait à la fois plus présent et plus doux, et était pour lui comme un lien qui l'attirait vers Dieu.

Il ne décidait rien cependant ! Les conversations qu'il
avait chaque jour avec ses amis avaient dissipé son ignorance, dissous ses doutes, ruiné ses objections ! Elles
n'avaient rien changé à l'incertitude de son cœur. La conviction de l'existence de Dieu l'avait conduit à toutes les
convictions catholiques. Il ne discutait pas davantage sur la
nécessité de se résoudre enfin et d'aller à Dieu. Mais, plus
les entraves qui l'arrêtaient devenaient faibles, moins il voulait les avouer et plus il craignait lui-même de les contempler.

« Le péché, dit-il, était dans mon âme ; il défendait sa
proie ; il me suggérait mille ruses, mille retards. Je redoutais

sa défaite, et je redoutais autant que lui l'instant où il serait vaincu. »

Adolphe redoublait ses instances.

«—Parce que tu es jeune, lui répétait-il, parce que DIEU t'a donné du temps, tu crois qu'il t'en donnera encore ! Mais le temps que tu dois passer sur la terre est mesuré, la limite en est irrévocable, et c'est ce soir peut-être que tu vas l'atteindre.

» Ne dis donc pas que tu es jeune, que tu n'as point achevé ton bel âge, et que tu veux jouir de ta fraîche saison ; ni toi ni moi ne pouvons prétendre que tu ne portes pas déjà devant DIEU les marques de la vieillesse. Tu es un vieillard si tu dois mourir demain. »

« Cette pensée de la mort, ajoute M. Veuillot, me glaçait, car je ne suis point entré dans le sanctuaire comme un noble enfant du Seigneur, par la porte radieuse de l'amour, mais en esclave, et rampant sous les voûtes de la crainte avec tout le troupeau des cœurs abaissés. »

La grâce cependant allait frapper son dernier coup.

Un jour de dimanche, l'un de ses amis proposa de sanctifier la soirée par une lecture pieuse. Tout le monde y consentit volontiers. Louis s'était offert pour lecteur. Adolphe lui présenta un volume de Bourdaloue, ouvert au sermon pour le lundi de la Semaine Sainte : *Sur le retardement de la pénitence.*

Il ne fit pas d'abord attention à ce titre, mais ses compagnons en furent surpris, et il les rendit attentifs comme à un avis solennel que le Seigneur allait donner en leur présence à leur ami.

Celui-ci ne connaissait rien de Bourdaloue ; il apprit vite à le connaître.

« On sait comment procède ce grand prédicateur : il pose et divise, en quelques lignes d'une admirable clarté, le sujet de son discours, s'emparant sur le champ de l'esprit de l'auditeur, et le frappant, comme d'un coup de massue, du bloc des sévères et irrésistibles doctrines qu'il va lui développer. Puis il marche, il s'avance d'un pas tranquille, mais impitoyable ; il monte comme les grandes eaux, couvrant dans toute son étendue l'espace qu'il s'est marqué, gagnant toutes les objections l'une après l'autre, allant des plus faibles aux plus élevées, et les submergeant toutes des flots puissants de sa logique, sans cesse alimentée par la puissance de la foi et par la science de la doctrine, qui est la vraie science de DIEU. Peu de mouvements, point de fleurs : il ne songe point à entraîner, il dédaigne de séduire ; mais une clarté qui ne permet aucun subterfuge, une raison qui s'élève sans effort à toutes les hauteurs, une certitude impassible qui accule tout ce qu'on lui oppose, dans la contradiction et dans la folie. »

Or, c'était avec ce rude adversaire qu'il se trouvait aux prises.

Laissons-le raconter lui-même cette lutte :

« Chaque mot que je lisais frappait d'aplomb sur mon esprit, broyait mes prétextes, déjouait mes ruses, me convainquait de ma déraison, proclamait ma folie ; ou plutôt je ne lisais pas : j'écoutais, avec une sorte d'effroi et de stupeur, une voix qui ne me semblait plus être la mienne et qui, me révélant en présence de mes amis toutes mes pensées misérables, me couvrait de honte et de confusion. Je tremblais, je balbutiais, je me sentais rougir, mon front s'humectait de sueur. Tantôt je voulais jeter le livre et me retirer ; tantôt je voulais m'interrompre pour m'écrier que j'étais vaincu, et que je prenais l'engagement de ne plus résister à des raisons dont la force me laissait sans excuses ; tantôt je sentais les larmes me gagner ; et je continuais, à travers l'orage de ces sentiments divers, ce sermon, cet avertissement à la fois paternel et terrible, où les menaces de la mort éclataient à côté des plus douces assurances de salut si je voulais me sauver, et qui me faisait si bien sentir qu'en effet, dans la position où DIEU m'avait mis, j'avais moi-même, en mes propres mains, et le don de ma grâce et la sentence de ma condamnation.

» Tout ce qui m'avait été dit, tout ce que je me disais moi-même, tout ce que je craignais de m'avouer, Bourdaloue me le répétait à voix haute, avec l'autorité souveraine de l'Écriture sainte, des Pères, de son propre génie, avec des paroles qui pénétraient comme des glaives ardents jusqu'au fond de ma conscience : « Je viens aujourd'hui vous dire ce que » l'ange a dit à saint Pierre dans la prison : *Surge velociter :* » levez-vous et ne tardez pas. Je sais quelle illusion vous » séduit, et par quel prétexte la passion vous trompe et » vous joue. Pour calmer les remords intérieurs de votre âme, » vous ne renoncez pas intérieurement à la pénitence, mais » vous la différez ; vous ne dites pas : Je ne me convertirai » jamais : ce désespoir fait horreur ; mais vous dites : Je » ne me convertirai pas encore sitôt. Et moi, je veux vous » faire voir les suites malheureuses de ce retardement, et » l'affreux danger où il vous expose.

» Il n'y a rien de certain, mes frères, dans le futur que son » incertitude même. Il n'y a rien de certain, sinon que nous » y serons surpris ; car le Sauveur du monde nous l'a » dit en termes formels : *Qua hora non putatis.* Après une » parole si positive, mais si terrible, ajouterai-je encore au » désordre de mon péché les désordres de la plus insensée » témérité, remettant toujours ma conversion, demandant » toujours trêve jusqu'au jour suivant : *Inducias usque mane ?* » Et pourquoi cette trêve, qui ne peut être, si je l'obtiens, » qu'une continuation affectée de mon iniquité, et, si je ne » l'obtiens pas, que la cause de mon impénitence finale ? » Pourquoi cet appel opiniâtre au lendemain, contre l'oracle » de la sagesse qui me le défend : *Ne glorieris in crastinum ?* » Puis-je ignorer que le lendemain a perdu des âmes sans » nombre, et que l'enfer est plein de réprouvés qu'il a enga- » gés dans le dernier malheur ? Ils se flattaient du lendemain, » et il n'y en avait pas pour eux ; ils avaient fait un pacte » avec la mort, suivant l'expression du texte sacré, et la mort » ne le gardait pas. Est-il croyable qu'elle changera de nature » pour moi, et qu'étant si infidèle pour le reste des hommes, » j'aurai seul le droit de pouvoir m'y fier ? Quand même je » l'aurais, ce lendemain, sera-ce un temps de pénitence et de » conversion ? Toute sorte de temps n'est point le temps de » la pénitence...

» Nous le connaissons, chrétiens, ce temps de la visite de

» notre DIEU ; ce jour qui nous est accordé, nous le con-
» naissons, et peut-être à l'instant que je vous parle DIEU
» vous dit-il : « Voici, pécheur, votre jour, voici le temps
» que j'ai destiné pour vous ; c'est aujourd'hui qu'il faut quit-
» ter cette vie libertine, car je ne veux plus de retarde-
» ment. »

« C'étaient là de ces paroles qui me faisaient pleurer, car
je sentais vivre en moi-même le miracle qu'elles m'annon-
çaient ; mais bientôt j'étais saisi d'épouvante en écoutant
ces menaces :

« Qui sait si DIEU, se tournant contre nous (après que
» nous aurons méprisé la grâce), ne nous dira point alors
» comme à ces Juifs dont il est parlé au premier chapitre
» d'Isaïe : *Retirez-vous, et ne paraissez point devant mes autels*
» *pour me faire une offrande indigne de moi ; je ne vous con-*
» *nais plus, et vos sacrifices me sont à charge . Comme Roi des*
» *siècles et Monarque éternel, je voulais les prémices de vos*
» *années, je voulais ces années de prospérité qui furent pour*
» *vous des années de dissolution ; je voulais ces années de santé*
» *que vous avez consumées dans le repos oisif d'une vie molle et*
» *paresseuse ; je voulais cette jeunesse dont vous avez fait le*
» *scandale de tant d'âmes ; je voulais cet âge mûr qui s'est*
» *passé dans les intrigues de votre ambition démesurée. Vous*
» *avez sacrifié tout cela au monde, et vous l'avez fait dans l'as-*
» *surance que ce serait assez de m'en offrir quelques débris ; et*
» *moi, je vous dis que ces oblations me sont odieuses et qu'il*
» *est de ma gloire de les réprouver.* Ainsi parlait le Seigneur ;
» et ainsi se comporte-t-il tous les jours à l'égard de certains
» pécheurs, après les délais criminels qu'ils ont apportés à
» leur conversion. »

» Mes amis eurent pitié de moi ; prétextant la fatigue d'une
si longue lecture, ils m'interrompirent à la fin de la seconde
partie, et de fait véritablement je n'en pouvais plus ; mais,
bien avant dans la nuit, la voix de Bourdaloue retentit à
mon oreille, et le lendemain encore je l'entendais comme
un tonnerre menaçant. »

Quelques jours après, jours de combats et de prières, Louis

frappait à la porte du *Gesù*. C'est le nom que l'on donne à Rome à la maison-mère de la Société de Jésus. Adolphe l'y accompagnait. « Nous entrâmes chez le Père, dit M. Veuillot. J'avais la tête meublée de raisonnements sur le péché origi-nel, sur les mystères, que je voulais qui me fussent bien clai-rement expliqués. J'avais trouvé dans ma position, dans mes relations, dans mon avenir et dans l'intérêt de mes sœurs, mille raisons péremptoires de ne point changer de vie ; un pareil changement semblait trop exiger l'abandon de cette profes-sion d'écrivain, de laquelle seule je croyais pouvoir tirer mon existence, et que je ne sentais pas compatible avec la foi chrétienne de la façon dont je l'avais exercée. Après les pre-miers compliments, je priai, non sans un peu d'inquiétude, Adolphe de nous laisser seuls ; il s'empressa de céder à mon désir, et j'accompagnai malgré moi ce cher et honnête ami, tandis qu'il s'éloignait, d'un étrange regard, comme si c'eût été le monde et mon passé qui se fussent éloignés dans sa per-sonne, pour m'abandonner à l'entrée d'une nouvelle vie. Le Père, ayant fermé la porte, revint seul vers moi, et, me regar-dant avec un sourire dont la vénérable bonté rayonne encore dans mon cœur : « Eh bien, me dit-il, mon enfant ? — Mon Père ! lui dis-je, mon Père ! » Le cœur me manqua, mes yeux s'obscurcirent, et, laissant mon front tomber sur mes mains : « Ah ! mon Père ! m'écriai-je en fondant en larmes, je suis bien malheureux ! »

» Le bon vieillard s'approcha, calma mon agitation par de douces paroles, me dit que l'enfant qui rentrait à la maison paternelle ne devait pleurer que de joie ; et quand je fus en état de lui répondre, nous causâmes un peu. Si je lui fis, comme je me l'étais promis, des objections, elles furent courtes et je ne me les rappelle pas ; je n'en avais plus à faire. Tout ce que je me rappelle de cet instant, c'est le sourire du saint religieux, mes larmes et mon bonheur. »

Deux jours après, Louis se confessa et reçut, après un dernier sacrifice, la sainte absolution. Et le lendemain Gustave, Adolphe et Élisabeth, bénissant Dieu, le con-duisirent au banquet céleste de la réconciliation. C'était durant l'octave de Pâques, à la sainte basilique de Sainte-Marie-Majeure.

M. Veuillot était chrétien. Il fut présenté à Grégoire XVI, qui, averti qu'il était un converti de Rome, lui témoigna une tendresse ineffable, et manifesta d'une manière touchante sa joie de voir l'innombrable famille des fidèles s'accroître d'un nouvel enfant.

On aurait dit que l'illustre pontife avait le pressentiment de la gloire future de M. Louis Veuillot et des services signalés qu'allait rendre désormais à la religion chrétienne ce *vaillant soldat du CHRIST*.

*
* *

Depuis sa conversion, Louis Veuillot consacra son talent, son temps, son énergie, à la défense de l'Église.

« L'Église m'a donné la lumière et la paix, disait-il : je lui dois ma raison et mon cœur. C'est par elle que je sais, que j'admire, que j'aime, que je vis. Lorsqu'on l'attaque, j'ai les mouvements d'un fils qui voit frapper sa mère. J'essaie d'arrêter la main parricide, j'essaie de la meurtrir, je conserve de son crime un ressentiment profond. C'est le plus insensé des crimes, le plus ingrat, le plus cruel...

»L'Église est ma Mère et ma Reine. C'est à elle que je dois tout, lui devant la connaissance de la vérité ; c'est par elle que j'aime, c'est par elle que je crois ; d'elle seule j'espère tout ce que je puis espérer : homme, la miséricorde divine ; citoyen, le salut de la patrie. »

De retour à Paris en 1839, Louis Veuillot entra à l'*Univers ;* mais ce ne fut qu'en 1843 qu'il prit définitivement part à la rédaction de ce journal. Il était alors âgé d'environ trente ans.

Pendant plus de quarante ans il a défendu avec un courage égal à son amour l'Église et la Papauté.

Sa mort, arrivée le 7 avril 1883, fut celle d'un grand chrétien.

Voici l'épitaphe qu'il avait composée pour être gravée sur la pierre de sa tombe :

— Placez à mon côté ma plume ;
Sur mon cœur, le CHRIST, mon orgueil ;
Sous mes pieds mettez ce volume,
Et clouez en paix le cercueil.

Après la dernière prière,
Sur ma fosse plantez la croix;
Et si l'on me donne une bière,
Gravez dessus : *J'ai cru, je vois.*

Dites entre vous : « Il sommeille ;
» Son dur labeur est achevé. »
Ou plutôt dites : « Il s'éveille ;
» Il voit ce qu'il a tant rêvé. »

. . . .

J'espère en JÉSUS. Sur la terre,
Je n'ai pas rougi de sa foi.
Au dernier jour, devant son Père,
Il ne rougira pas de moi.

Marie-Alphonse RATISBONNE.
(1814 – 1884.)

L E juif terrassé par MARIE immaculée le 20 janvier 1842,
Marie-Alphonse Ratisbonne, s'en est allé, il y a quelques années, contempler au Ciel Celle qu'il lui avait été
donné de voir un moment sur la terre.

Ineffable moment ! radieuse vision ! dont le seul reflet a
illuminé le reste de sa vie et a même éclairé pour lui les ténèbres de la mort ! « Quand je serai très mal, disait-il au
début de sa dernière maladie, ne me suggérez aucune de ces
invocations qu'on dit au mourant. Dites-moi seulement :
MARIE ! et ce mot descendra jusqu'au fond de mon cœur. »
Au dernier soir de sa vie, paraissant répondre à une pensée
intime et habituelle, il disait encore : « Oui, le 20 janvier,
c'était MARIE et la Croix ; maintenant la Croix avec MARIE ;
mais bientôt plus de Croix et toujours MARIE ! »

MARIE, toujours MARIE, voilà bien ce que répétaient depuis quarante-deux ans tous les battements de son cœur,
toutes les aspirations de son âme, tous les travaux de sa vie
apostolique.

Après le merveilleux événement qui devait rendre son nom
populaire d'un bout à l'autre de l'univers catholique, la première pensée de M. Ratisbonne et le premier mouvement de
son cœur avaient été d'aller ensevelir son secret dans les profondeurs d'un cloître ; mais le prêtre devant lequel il s'agenouilla lui ayant ordonné non seulement de parler, mais d'é-
crire tout ce qui lui était arrivé, il obéit. Sa relation, rédigée
sous la forme d'une lettre adressée au vénéré fondateur de
l'Archiconfrérie de Notre-Dame des Victoires, M. Dufri-
che-Desgenettes, commençait par ces mots : « Si je ne devais
vous raconter que le fait de ma conversion, un seul mot
suffirait : MARIE ! » Ainsi pourrait se résumer également
l'histoire des quarante-deux années passées sur la terre par
le nouveau Saul depuis que, terrassé par la main miséricor-
dieuse de MARIE, il était devenu, lui aussi, un vase d'élection

pour la conversion des enfants d'Israël. « Mais, écrivait-il à M. Desgenettes, on veut savoir quel est ce fils d'Abraham qui a trouvé à Rome la vie, la grâce et le bonheur. »

Marie-Alphonse Ratisbonne était né à Strasbourg, le 1er mai 1814, d'une famille juive où se transmettaient, de génération

Marie-Alphonse Ratisbonne.

en génération, les vertus des anciens patriarches. Le Roi du Ciel, ouvrant pour elle le trésor de ses grâces, avait joint les richesses de l'ordre surnaturel aux biens de la terre qu'il lui avait prodigués.

Théodore, le frère aîné d'Alphonse, se servit de bonne

heure de sa vive intelligence pour découvrir la vérité et de
son grand cœur pour la préférer aux richesses et aux affections qu'il lui fallut sacrifier pour l'embrasser. Bientôt après
sa conversion il se fit prêtre, et devint précisément le colla-
borateur de M. Desgenettes à Notre-Dame des Victoires, où
il recommandait souvent sa famille, et tout particulièrement
son frère, aux prières de l'Archiconfrérie.

Mais Alphonse était loin de prendre le même chemin : il
n'avait que de la haine pour le catholicisme, auquel il ne par-
donnait pas de lui avoir enlevé son frère ; toutes les autres
religions, y compris le judaïsme, lui étaient indifférentes. Il
ne croyait même pas en DIEU. Riche, spirituel, instruit, devenu maître de son patrimoine par la mort de ses parents,
héritier présomptif d'un oncle qui avait pour lui la tendresse
d'un père, le jeune israélite ne rêvait que plaisirs et venait
souvent en demander à Paris, la ville de ses préférences.

« Tu aimes trop les Champs-Élysées, » lui disait en sou-
pirant son vieil oncle, qui aurait voulu le retenir auprès de
lui et qui pour cela n'épargnait aucune largesse. Cependant,
au milieu de l'abondance de toutes choses, Alphonse n'était
pas heureux. Au fond du cœur il n'éprouvait que vide et
ennui. Mais lorsque les vœux de sa famille, d'accord avec de
mutuelles sympathies, eurent fixé pour lui un mariage qui
réunissait toutes les conditions possibles de bonheur, il crut
que désormais rien ne manquerait à sa félicité.

Comme sa fiancée n'avait encore que seize ans, il parut
sage de différer un peu leur union, et le jeune homme résolut de faire un voyage pour tromper la longueur de l'attente.
Un excellent ami l'attirait vivement en Espagne, une de ses
sœurs l'appelait auprès d'elle à Paris, dans ce Paris qu'il
aimait tant. Sans trop savoir pourquoi, il se décida pour
l'Orient avec une station préliminaire à Naples. Le navire sur
lequel il s'embarqua fit une halte à Civita-Vecchia ; comme il
entrait dans le port, le canon de la place tonnait avec force.
M. Ratisbonne s'informa malignement de ce bruit de guerre
sur les terres pacifiques du pape. On lui répondit : « C'est
la fête de la Conception de MARIE. » Il haussa les épaules,

détourna la tête et protesta contre la sotte superstition qui le mettait en colère, en refusant de descendre à terre comme les autres passagers.

Une fois à Naples, encore sans savoir pourquoi, il prit tout à coup le parti d'aller à Rome, bien que les médecins de Strasbourg lui eussent formellement interdit l'air de cette ville dans l'intérêt de sa santé très délicate, et bien qu'il fût décidé à se conformer à leurs prescriptions, appuyées par les plus vives instances de sa famille et de sa fiancée. « Comment y suis-je allé ? écrivait-il plus tard, je ne puis le dire, je ne puis me l'expliquer à moi-même. »

Toujours poussé par la même force irrésistible, il laissa de côté plusieurs visites qui lui auraient procuré de l'agrément, et en fit une à M. Théodore de Bussières, qu'il connaissait à peine et qui était coupable de trois crimes irrémissibles aux yeux du jeune israélite : de protestant M. de Bussières était devenu fervent catholique ! originaire de Strasbourg comme les Ratisbonne, il s'était lié d'amitié avec l'abbé Théodore ! et il portait son nom !

Alphonse avait d'avance l'intention bien arrêtée de s'en tenir à une démarche de stricte politesse à l'égard de son compatriote, chez lequel il voulait simplement déposer sa carte ; mais, avant qu'il eût eu le temps de s'éloigner, le domestique l'avait annoncé, et bon gré mal gré, tout en dissimulant sa mauvaise humeur sous les formes de son exquise politesse, il avait dû entrer dans le salon où se trouvaient M. et Mᵐᵉ de Bussières avec leurs deux petites filles. La conversation, d'abord banale, ne tarda pas à se colorer de toute la passion avec laquelle le jeune voyageur racontait ses impressions de Rome ; à tout ce que M. de Bussières essayait de lui dire des grandeurs du catholicisme il répondait pas des railleries amères, des invectives impies. « Enfin, lui dit son interlocuteur en souriant, puisque vous détestez la superstition, puisque vous êtes un esprit fort si éclairé, auriez-vous le courage de vous soumettre à une épreuve bien innocente ? — Quelle épreuve ? — Ce serait de porter sur vous un objet que je vais vous donner.... Voici ! c'est une médaille de la Sainte Vierge. Cela vous paraît bien ridicule, n'est-ce pas ? Mais moi j'attache une grande valeur à cette médaille. »

Le premier mouvement du juif libre-penseur fut de rire en haussant les épaules ; mais la pensée lui vient aussitôt que cette scène enrichira ses impressions de voyage d'un chapitre fort original, et il accepte la médaille. Vite les deux petites filles prennent un cordon pour l'enfiler, et, dans leur joyeux empressement, elles le coupent si court qu'il a bien de la peine à passer. « Enfin à force de tirer, dit M. Ratisbonne dans son récit, j'eus la médaille sur ma poitrine et je m'écriai : *Ah ! ah ! me voilà catholique, apostolique et romain !* C'était le démon qui prophétisait par ma bouche. »

Non content de ce premier triomphe, M. de Bussières ajouta que l'épreuve serait nulle si, en portant la médaille, M. Ratisbonne ne récitait pas le *Memorare.* La colère du juif allait se réveiller ; mais le zélé catholique, se mettant à plaisanter agréablement à son tour, finit par obtenir une nouvelle victoire. M. Ratisbonne, qui, en somme, ne voyait en tout ceci qu'une aventure bizarre, propre à égayer ses amis, finit par promettre de dire le *Souvenez-vous,* après avoir copié de sa main le seul exemplaire qu'en eût M. de Bussières. Le soir il alla au théâtre, où il perdit complètement de vue la médaille et le *Memorare ;* mais en rentrant chez lui il se souvint de son ennuyeuse promesse, et, comme son départ était fixé au lendemain 16 janvier, il dut s'exécuter pour renvoyer à M. de Bussières l'original de la prière. Accablé de fatigue, tombant de sommeil, il écrivit sans aucun souci du sens des mots qu'il traçait machinalement.

Aussi ne pouvait-il s'expliquer comment, le lendemain au milieu de ses préparatifs de départ, les parole du *Memorare* lui revenaient sans cesse à l'esprit, absolument comme ces airs de musique qui vous poursuivent, qui vous impatientent et qu'on fredonne malgré soi, quelque effort qu'on fasse pour les repousser. Comment encore se décida-t-il à prolonger son séjour à Rome bien qu'il eût retenu et payé sa place pour Naples, bien qu'il eût donné avis de son départ à sa famille et que son courrier l'attendît à Palerme ? Comment surtout s'y décida-t-il d'après les instances de M. de Bussières, de cet homme qu'il connaissait à peine et dont l'esprit de prosélytisme lui était insupportable, tandis que des amis intimes qu'il avait à Rome n'avaient pu lui arracher la concession d'un jour de plus ? Comment le 16 et le 17 passa-t-il plusieurs heures avec M. de Bussières, dont chaque parole l'irritait et provoquait des saillies de sa verve impie ?

Le mercredi 19, il le vit encore, mais, le trouvant triste et abattu, il fut enchanté qu'un sentiment de délicatesse lui fît un devoir d'abréger sa visite. En effet, M. de Bussières était triste parce qu'il avait perdu la veille un excellent et très pieux ami, M. le comte de Laferronnays, qui, en parfaite santé deux jours auparavant, s'était vivement intéressé à tout ce qui lui avait été raconté du jeune israélite ; tout en promettant de prier pour lui, il avait dit à M. de Bussières : « Si vous avez réussi à lui faire réciter le *Memorare*, soyez tranquille, vous le tenez déjà. »

Pourtant les dispositions de M. Ratisbonne étaient loin de faire présager une prochaine conversion. Il est vrai qu'il murmurait avec une inconcevable persistance la prière de saint Bernard et que, pendant la nuit du 19 au 20 janvier, il avait vu longtemps devant lui, étant éveillé, une grande croix noire, sans qu'aucun effort pût faire disparaître cette image importune ; mais, le lendemain à midi, il n'en était pas moins au café, causant gaiement de chasse et de plaisirs avec un jeune homme de ses amis, qu'il finit par inviter à son mariage.

« Si en ce moment, devait-il écrire deux mois après, si en ce moment un troisième interlocuteur s'était approché de moi et m'avait dit : « Alphonse, dans un quart d'heure tu » adoreras Jésus Christ, ton Dieu et ton Sauveur ; et tu » seras prosterné dans une pauvre église ; et tu te frapperas » la poitrine aux pieds d'un prêtre, dans un couvent de » Jésuites où tu passeras le carnaval pour te préparer au » baptême, prêt à t'immoler pour la foi catholique ; et tu » renonceras au monde, à ses pompes, à ses plaisirs, à ta

» fortune, à tes espérances, à ton avenir ; et s'il le faut tu
» renonceras à ta fiancée, à l'affection de ta famille, à l'estime
» de tes amis.... et tu n'aspireras plus qu'à suivre JÉSUS-
» CHRIST et à porter sa croix jusqu'à la mort ! » je dis que
si quelque prophète m'avait fait une semblable prédiction, je
n'aurais jugé qu'un seul homme au monde plus insensé que
lui : c'eût été l'homme qui aurait cru à la possibilité d'une
telle folie ! »

*
* *

Et cependant cette folie allait dans quelques instants faire
sa sagesse et son bonheur.

En sortant du café, il rencontre la voiture de M. Théodore
de Bussières, qui l'invite à se joindre à lui pour une promenade ; il accepte. M. de Bussières lui demande la permission
de s'arrêter seulement un instant à l'église Saint-André-delle-
Fratte, où il a quelques dispositions à prendre pour les funérailles de M. de Laferronnays qui doivent avoir lieu le lendemain. « C'est un de mes amis, dit-il ; sa mort subite est la
cause de la tristesse que vous avez dû remarquer en moi
depuis deux jours.... Ne vous impatientez pas, ajouta M. de
Bussières, je vous aurai rejoint dans dix minutes. »

Son absence ne fut guère plus longue ; mais en revenant
il n'aperçoit plus M. Ratisbonne. Bientôt il le découvre agenouillé devant une chapelle de saint Michel ; il s'approche,
l'appelle, le pousse trois ou quatre fois sans avoir de réponse.
Enfin le jeune juif se retourne, le visage baigné de larmes,
les mains jointes, et dit avec une expression impossible à
rendre : « Oh ! comme M. de Laferronnays a prié pour moi ! »
M. de Bussières, stupéfait, tremblant, le relève, le soutient, le
porte pour ainsi dire hors de l'église, lui demande ce qu'il a,
le presse de s'expliquer. Il ne le peut pas, son émotion est
trop forte. Il tire de son sein la médaille miraculeuse, la cou-
vre de baisers et de larmes, et, malgré les instances de son
ami, ne peut articuler que des exclamations entrecoupées
de sanglots : « Oh ! que je suis heureux ! que DIEU est bon !

quelle plénitude de grâces et de bonheur ! que ceux qui ne savent pas sont à plaindre ! » Puis il se demande s'il n'est pas fou : « Mais non, s'écria-t-il, je suis dans mon bon sens ; mon DIEU ! mon DIEU ! je ne suis pas fou ! tout le monde sait bien que je ne suis pas fou ! »

Lorsque cette délirante émotion commence à se calmer, M. Ratisbonne embrasse M. de Bussières, le serre dans ses bras, le conjure de le conduire aux pieds d'un prêtre : « Je ne parlerai, dit-il, qu'après en avoir obtenu la permission ; ce que j'ai à dire je ne puis le dire qu'à genoux. » Sur l'ordre donné par M. de Bussières, la voiture se dirige rapidement vers le couvent des RR. PP. Jésuites ; là, en présence du R. P. de Villefort, qui le presse de s'expliquer, M. Ratisbonne prend sa médaille, l'embrasse et s'écrie : « Je l'ai vue ! je l'ai vue ! ! ! » et son émotion le domine encore. Mais bientôt, plus calme, il peut s'exprimer ; voici ses propres paroles :

« J'étais depuis un instant dans l'église déserte ; aucun objet d'art n'y attirait mon attention. Je promenais machinalement mes regards autour de moi sans m'arrêter à aucune pensée ; je me souviens seulement d'un chien noir qui sautait et bondissait devant mes pas... Tout à coup je me suis senti saisi d'un trouble inexprimable. J'ai levé les yeux, le chien avait disparu, l'église tout entière avait disparu, je n'ai plus rien vu.... ou plutôt, mon DIEU, je n'ai vu qu'une seule chose !... Une chapelle avait, pour ainsi dire, concentré toute la lumière, et au milieu de ce rayonnement a paru, debout sur l'autel, grande, brillante, pleine de majesté et de douceur, la Vierge MARIE, telle qu'elle est sur ma médaille ; une force irrésistible m'a poussé vers elle. La Vierge m'a fait signe de la main de m'agenouiller, elle a semblé me dire : C'est bien ! *Elle ne m'a pas parlé, mais j'ai tout compris.* »

Lui-même encore, dans sa lettre à M. Desgenettes, va nous dire ce qu'il avait compris :

« Au moment du geste de MARIE, le bandeau tomba de mes yeux ; non pas un seul bandeau, mais toute la multitude de bandeaux qui m'avaient enveloppé disparurent successivement et rapidement comme la neige, la boue et la glace sous l'action d'un brûlant soleil.

» Je sortais d'un tombeau et j'étais vivant, parfaitement vivant !... Mais je pleurais ! je voyais le fond de l'abîme d'où j'avais été tiré par une miséricorde infinie ; je frissonnais à la vue de mes iniquités, et j'étais stupéfait, attendri, écrasé d'admiration et de reconnaissance.... Je pensais à mon frère avec une indicible joie ; mais à mes larmes d'amour se mêlèrent des larmes de pitié. Hélas ! tant d'hommes descendent tranquillement dans cet abîme, les yeux fermés par l'orgueil ou l'insouciance.... Ils y descendent, ils s'engloutissent tout vivants dans ses horribles ténèbres .. Et ma famille ! ma fiancée ! mes pauvres sœurs !... Oh ! déchirante anxiété ! C'est à vous que je pensais, ô vous que j'aime ! C'est à vous que je donnais mes premières prières !... Ne lèverez-vous pas les yeux vers le Sauveur du monde, dont le sang a effacé le péché originel ? Oh ! que l'empreinte de cette souillure est hideuse ! Elle rend complètement méconnaissable la créature faite à l'image de Dieu !

» On me demande comment j'ai appris ces vérités, puisqu'il est avéré que jamais je n'ouvris un livre de religion, jamais je ne lus une seule page de la Bible, et que le dogme du péché originel, totalement oublié ou nié par les juifs de nos jours, n'avait jamais occupé un seul instant ma pensée ; je doute même d'en avoir jamais connu le nom. Comment donc suis-je arrivé à cette connaissance ? Je ne saurais le dire. Tout ce que je sais, c'est qu'en entrant à l'église j'ignorais tout, et qu'en sortant je voyais clair comme un aveugle-né qui verrait tout à coup le jour : il voit, mais il ne peut définir la lumière qui l'éclaire et au sein de laquelle il contemple les objets de son admiration. Tout se passait au-dedans de moi, et ces impressions, mille fois plus rapides que la pensée, mille fois plus profondes que la réflexion, n'avaient pas seulement ému mon âme, mais l'avaient comme retournée et dirigée dans un autre sens, vers un autre but et dans une nouvelle vie.

» Je m'explique mal ; mais comment renfermer dans des

mots étroits et secs des sentiments que le cœur même peut à peine contenir ?

» Quoi qu'il en soit de ce langage inexact et incomplet, le fait positif est que je me trouvais en quelque sorte comme un être nu, comme une table rase... Le monde n'était plus rien pour moi ; mes préventions contre le christianisme n'existaient plus ; des préjugés de mon enfance il ne restait plus la moindre trace; l'amour de mon Dieu avait tellement pris la place de tout autre amour que ma fiancée elle-même m'apparaissait sous un nouveau point de vue. Je l'aimais comme on aimerait un objet que Dieu tient entre ses mains, comme un don précieux qui fait aimer encore davantage le donateur.

»... Je me sentais prêt à tout, et je sollicitais vivement le baptême ; on voulut le retarder. — Mais quoi ! m'écriai-je, les juifs qui entendirent la prédication des apôtres furent immédiatement baptisés, et vous voulez m'ajourner après que j'ai entendu la Reine des apôtres ! »

Les lumières surnaturelles qui éclairaient l'intelligence du néophyte, les désirs véhéments qui débordaient de son cœur, ne permirent pas de différer longtemps son bonheur. Le 31 janvier, son âme altérée de Dieu trouva le rassasiement qu'elle cherchait ; il reçut les sacrements de Baptême, de Confirmation et d'Eucharistie des mains de Son Éminence le cardinal Patrizzi, vicaire du Souverain-Pontife. Cette cérémonie solennelle et touchante fut animée par la parole de Mgr Dupanloup, qui célébra éloquemment les miséricordes infinies de Dieu et l'ineffable puissance de Marie.

M. Ratisbonne fut présenté au pape Grégoire XVI, qui l'accueillit comme un fils bien-aimé, et ordonna une enquête sur cette merveilleuse conversion. L'enquête se fit avec le plus grand soin, et le cardinal vicaire en consigna le résultat dans un acte officiel où il a déclaré « qu'il est pleinement certain et hors de doute que le Dieu grand et bon a, grâce à l'intervention de la Très-Sainte Vierge, par la conversion subite et complète de Marie Ratisbonne du judaïsme au christianisme, opéré un grand et vrai miracle. »

Il y a plus : le Saint-Siège est tellement convaincu de la vérité de cette miraculeuse conversion, et il y attache une si extraordinaire importance, qu'il a tenu à en conserver la mémoire par une fête sans précédent. L'Église catholique célèbre la conversion de saint Paul, la conversion de saint Augustin ; mais ces solennités n'ont été établies que longtemps après la mort des saints qu'elles honorent. Eh bien ! Rome célébrera aussi la conversion de Marie-Alphonse Ratisbonne, mais de son vivant. Le 20 janvier 1843, premier anniversaire de ce grand fait, la solennité sera instituée, et pendant quarante-et-un ans que le converti continuera de vivre, la même fête se renouvellera chaque année.

***

« *Paul*, disent les Actes des Apôtres, *se fortifiait de plus en plus et confondait les juifs, affirmant que JÉSUS est le CHRIST.*» Ratisbonne lui aussi affirme sa foi nouvelle et ne craint pas, pour l'amour d'elle, d'entrer en lutte même avec sa famille. Il y va de sa fortune, de sa position ; il y va surtout de son bonheur ! Flora, sa douce fiancée, que dira-t-elle de sa conversion ? Consentira-t-elle à l'imiter ? Si elle refuse, que vont devenir toutes ses espérances de bonheur ? Son cœur en est à l'agonie, mais rien ne l'arrête. La fleur du Ciel a supplanté dans son amour celle de la terre, et avec saint Paul il s'écrie : « Du jour où il a plu au Seigneur de m'appeler par sa grâce, je n'ai plus acquiescé ni à la chair ni au sang. » Si ce n'est pas là la vraie conversion, où la trouvera-t-on jamais ?

En effet, après le mémorable événement qui avait transformé sa vie, Marie-Alphonse Ratisbonne reçut de sa famille des lettres qui lui rendirent toute sa liberté. « Eh bien ! s'écria-t-il, sans prendre garde à la blessure faite à son cœur, cette liberté, je la consacre à DIEU, et je la lui offre dès à présent avec ma vie entière, pour servir l'Église et mes frères sous la protection de MARIE. »

Mais avant de se livrer à l'ardeur de son zèle, il éprouva le besoin de se recueillir longuement dans la solitude d'une maison religieuse, et encore, avant toutes choses, de se jeter dans les bras de son frère Théodore, qu'il déteste autrefois et pour lequel maintenant son âme déborde de tendresse. Il vint donc à Paris, où l'une de ses premières visites fut pour le *Sanctuaire de la médaille miraculeuse ;* il resta longtemps prosterné devant l'autel que Sœur Catherine Labouré avait vu, douze années auparavant, illuminé de la radieuse clarté qui venait de briller pour lui à Saint-André-delle-Fratte. La Sainte Vierge lui parla-t-elle encore ? Nul ne le sait ; car, entre tout ce qu'il avait compris, rien n'était entré aussi avant dans son cœur que l'humilité des privilégiés de DIEU, l'humilité de MARIE ; il la pratiqua si bien qu'un de ses amis intimes, prêtre et religieux, a pu dire que « le P. Marie Ratisbonne était l'effacement personnifié. »

Si pieuse que fût la vie que menait M. Ratisbonne auprès de son frère et à l'ombre des autels de MARIE, elle ne suffisait pas à sa soif de recueillement, de détachement et d'oubli des créatures. Bientôt il alla demander asile à la Compagnie de JÉSUS, vers laquelle il avait été providentiellement conduit à l'heure même de sa conversion. Pendant plus de dix ans le Seigneur prépara son apôtre, dans le silence d'une vie cachée, aux grandes choses qu'il voulait accomplir par lui, et, en le revêtant de son sacerdoce, il le pénétra de plus en plus de son esprit.

Tandis que le Père Marie-Alphonse cherchait à se faire oublier, l'abbé Théodore Ratisbonne se sentait appelé de DIEU à fonder la Congrégation des Filles de Notre-Dame de Sion, destinées à travailler par la prière et l'enseignement chrétien à la régénération des enfants d'Israël ; poussé par une intuition que les faits devaient bientôt justifier, il demanda au Souverain-Pontife d'autoriser le P. Marie-Alphonse à quitter la Compagnie de JÉSUS pour se vouer, lui aussi, au salut de son peuple. Il fut exaucé.

Le Père Marie demeura deux ans à Paris, travaillant avec son frère ; mais il sentait que Jérusalem était la vraie patrie des Filles de Sion, et il brûlait d'aller les y établir. Lorsqu'il manifesta son attrait au R. P. Théodore, celui-ci lui répondit :.

« Eh bien ! partez, mon frère, mais comme les apôtres : je
vous envoie sans ressources. » Ce fut un stimulant de plus
pour le zèle du converti de Rome, qui se montra dès lors
l'homme de la confiance et de l'abandon à DIEU, l'ouvrier
apostolique ne doutant jamais du succès des travaux entrepris au nom de MARIE. Il inaugura sa mission en Terre-
Sainte par le rachat des ruines du prétoire de Pilate, et ce
fut là qu'il édifia laborieusement le premier monastère des
Filles de Sion. L'arc sous lequel le gouverneur romain présenta au peuple Notre-Seigneur couronné d'épines en disant :
Ecce homo, a été placé dans la chapelle où le Père Marie eut
la consolation de célébrer pour la première fois le Saint
Sacrifice le 20 janvier 1858.

Il dut bientôt chercher une succursale à cet établissement,
que l'accroissement des vocations et des œuvres rendait insuf-
fisant ; mais, tout à fait dénué de ressources tandis qu'il lui
en aurait fallu de considérables, il ne put d'abord que louer
une petite maison à *Saint-Jean in Montana*, où, d'après la
tradition, se trouvait jadis la demeure de sainte Élisabeth. Ce
ne fut qu'en 1862 qu'il parvint à commencer en ce lieu la construction d'un second monastère ; jusque-là il n'avait même pu
y trouver un terrain convenable. L'époque de sa retraite an-
nuelle étant arrivée, il la fit à Saint-Jean dans une cabane en
bois, où une pluie incessante le retint pendant tout le temps
qu'il consacra aux saints exercices. Le dernier jour, le 20 janvier, la pluie s'étant un peu arrêtée, le Père sortit sur la terrasse,
et là, s'adressant filialement à MARIE comme il avait coutume de le faire dans toutes ses difficultés : « Ma bonne
Sainte Vierge, lui dit-il, si vous voulez que je construise le
couvent de Saint-Jean, faites-moi connaître par un signe l'em-
placement à choisir. » Il avait à peine achevé sa prière qu'un
arc-en-ciel se leva sur une petite fontaine, dite de la Sainte
Vierge, et, décrivant son cercle, posa l'autre extrémité sur un
plateau admirablement situé. Des démarches furent faites
immédiatement et l'acquisition conclue malgré tous les obstacles. La nouvelle maison abrita bientôt un bon nombre
d'orphelines.

Le bon Père voulut avoir aussi des orphelins ; pour eux il ouvrit une école religieuse d'arts et métiers, qui s'organisa provisoirement à Jérusalem, et fut ensuite transférée sur l'une des hauteurs qui dominent la Ville Sainte. Aujourd'hui l'école Saint-Pierre abrite plus de cent enfants, qui s'y affermissent dans les croyances et les pratiques chrétiennes, tout en apprenant un état qui leur permettra plus tard de gagner honorablement leur vie.

La bonne intelligence, le grand cœur du Père Marie-Alphonse, sa confiance en Dieu et en Marie, c'était beaucoup pour accomplir de telles œuvres, mais ce n'était pas assez. Avec les mêmes éléments, sainte Thérèse reconnaissait que, pour construire des monastères, il fallait de plus quelques ducats. Or, nous avons vu dans quelles conditions le P. Marie avait quitté la France, et l'Orient catholique était trop pauvre pour lui fournir des ressources. Dans l'intervalle de ses diverses fondations, il revint donc sept fois en Europe, menant la vie pénible de mendiant à travers l'Autriche, l'Espagne, l'Angleterre et la France.

C'est dans son voyage de 1859 qu'il rencontra M. Oudal, ministre protestant des plus considérés à Cantorbéry. Il reçut à Londres un billet ainsi conçu : « J'ai appris que vous êtes en Angleterre et que vous devez venir à Cantorbéry ; je serais heureux de faire votre connaissance. » Le Père Marie, considérant ce billet comme un ordre du Ciel, s'empresse de se rendre à ce désir et arrive à la demeure de M. Oudal. Le pasteur, qui l'attendait, se jette à ses pieds en disant : « Je ne suis pas digne que vous entriez dans ma maison. » Le P. Marie le relève, l'embrasse et, en quelques minutes de conversation, dissipe les doutes qui le retenaient encore dans l'erreur. M. Oudal demande ce qu'il doit faire ; le P. Marie lui laisse comme pratique le *Souvenez-vous* à réciter chaque jour, et lui donne rendez-vous à Paris pour y faire son abjuration, le 15 août, sous les auspices de la Très-Sainte Vierge.

M. Oudal était donc attendu par les Pères Ratisbonne aux approches de la fête de Marie ; mais, à mesure que les jours s'écoulaient, l'attente devenait plus anxieuse, car le ministre

10

anglican paraissait avoir oublié sa promesse. Enfin la veille du grand jour arrive ; aucune nouvelle ! Le P. Marie, soucieux, désespérant presque de sa conquête, va se jeter aux pieds de la Sainte Vierge : au même moment on annonçait l'arrivée du fidèle converti. La joie fut grande à Sion et au Ciel. M. Oudal entra dans les ordres sacrés et dirigea une des plus ferventes paroisses de l'Angleterre.

Le voyage de 1877 fut marqué aussi par une ineffable consolation. Le P. Marie voulut, cette fois, avant de regagner la Palestine, réaliser un pieux projet que son cœur reconnaissant avait certes bien le droit de former. Le 25 janvier 1878, s'enveloppant de l'*incognito* le plus absolu, il quitta Marseille pour se rendre à Rome, où il n'était pas revenu depuis sa conversion ; le 26 janvier, un quart d'heure après son arrivée dans la Ville Éternelle, Marie-Alphonse Ratisbonne était prosterné à Saint-André-delle-Fratte, à la place même où, trente-six ans auparavant, le geste de la Vierge MARIE l'avait forcé à s'agenouiller. « Quelles émotions ! quel retour ! disait-il en sortant à un ami. Si je n'en suis pas mort, c'est que je n'ai point de cœur, autrement je n'aurais pas résisté ! » Il se rendit aussi à la sacristie pour s'inscrire et pouvoir le lendemain offrir le saint Sacrifice à l'autel de la Vierge.

« D'où venez-vous ? lui demanda-t-on. — De Jérusalem, où j'habite. — Oh ! alors vous connaissez Ratisbonne ? — Si je le connais ! c'est pour lui que je vais offrir la messe demain. » Les prêtres sacristains n'eurent aucun soupçon de la vérité.

L'émotion du P. Marie en disant cette première messe à Saint-André fut grande et visible ; on crut qu'il ne pourrait achever le saint Sacrifice. Il passait dans cette église une partie de ses journées, caché dans quelque tribune ou derrière un coin de draperie, se plaçant toujours de manière à apercevoir le point qu'il avait vu resplendir un jour de la clarté du Ciel. Là il serait mort volontiers ! « Une fois, dit-il, j'en fis la demande à MARIE, mais elle me répondit : *Marche, marche !* »

L'incognito continuait à être gardé le plus possible. Dans une de ses courses pleines de souvenirs émouvants, le P. Marie n'oublia pas le Gesù, où avaient eu lieu son abjuration, son Baptême, sa première Communion. Toutes ces grâces, il les avait reçues le 31 janvier 1842 à l'autel de saint Ignace, et le 31 janvier 1878 il désirait offrir le saint Sacrifice au même autel. A la sacristie, il présenta sa carte : *Marie-Alphonse Ratisbonne*. Le jeune prêtre qui la reçut dit en la voyant : « Mais ce sont les mêmes noms que *Ratisbonne de Saint-André !* — Oui, répond le P. Marie, c'est singulier, les mêmes noms... et nous sommes du même pays. » Et tout en resta là.

Cette anecdote et celle de la sacristie de Saint-André furent racontées au Vatican et égayèrent beaucoup Pie IX. Le vénérable pontife était au terme de sa course ; il gardait le lit et ne recevait plus personne. Il voulut cependant faire une exception en faveur du P. Marie. Le 1er février, anniversaire du jour où il avait été présenté à Grégoire XVI, Marie-Alphonse Ratisbonne fut introduit auprès de Pie IX. Le vénérable malade le garda pendant près d'une heure, lui abandonnant sa main à baiser, le questionnant avec le plus vif intérêt sur ses œuvres et le comblant de bénédictions. L'heureux visiteur s'éloigna l'âme remplie des plus douces émotions et des plus consolantes espérances. Après son départ, Pie IX dit à ceux qui l'entouraient : « Enfin je l'ai vu ; oh ! comme il est sympathique ! » Et il en paraissait joyeux, disaient les cardinaux.

L'incognito gardé le mieux qu'on avait pu commençait à n'être plus possible. De tous côtés on cherchait à voir Mr Ratisbonne de Saint-André ; mais lui, qui n'était venu que « *pour prier, remercier et être béni*, » se hâta de disparaître après avoir dit une dernière fois la messe à Saint-André.

La conversion de l'une de ses sœurs, mariée à M. Fould, ministre des finances sous Napoléon III, fut encore un consolant épisode de sa vie de pèlerin. Cependant il ne faudrait pas conclure de ces faits clairsemés le long des trente dernières années du P. Ratisbonne que, depuis la visite de

MARIE, sa vie n'a été qu'une suite non interrompue de bénédictions sensibles ; ce serait en méconnaître complètement le vrai caractère, que lui-même va nous révéler :

· « N'oublions pas, écrivait-il, que l'abondance des faveurs déversées par les mains de MARIE a été précédée de la manifestation de la croix, d'une croix qu'on ne saurait envisager et accepter sans frayeur : *MARIE est là*. Toute ma vie doit voir se reproduire ces deux phénomènes de l'ordre surnaturel ; je les rencontre chaque jour dans l'accomplissement de ma tâche si laborieuse et si belle. »

Les difficultés, les fatigues, les déboires ne lui furent pas épargnés ; il souffrit tour à tour dans son corps et dans son cœur, et toujours avec foi, espérance et amour. Aussi comme il savait encourager et faire aimer la croix salutaire ! Il écrivait à un de ses amis sous le coup d'une épreuve poignante :

« Combien de fois ne m'avez-vous pas demandé le signe de la croix sur votre front ? Vous le receviez à genoux et avec les marques de la piété la plus vive. En ce moment, c'est DIEU lui même qui, de sa main paternelle, imprime ce signe vivifiant au plus intime de votre cœur. Acceptez-le, acceptons-le dans une même adoration.

» Vous avez voulu travailler avec moi sur le Calvaire à la grande œuvre de l'*Ecce Homo*, et le Seigneur vous a regardé avec amour. Il vous associe aux tourments de sa Passion, il vous offre une part de son calice.

» .... Adhérons humblement aux contradictions apparentes de ce bas monde. Un jour, et ce jour n'est pas éloigné, nous contemplerons avec transport et ravissement les secrets de DIEU. »

Il disait vrai : *ce jour n'était pas éloigné*. Le 10 janvier 1884, un télégramme de France lui portait un terrible coup au cœur en lui annonçant la mort du R. P. Théodore, son frère et son supérieur. Ce douloureux événement semblait rendre sa présence indispensable à Paris, où l'appelaient tous les amis de Sion ; deux ou trois fois la tempête l'empêcha de partir, et enfin son voyage fut remis à la belle saison, délai providentiel qui devait procurer au fils bien-aimé de MARIE

la consolation de mourir en Terre-Sainte, dans son cher couvent de Saint-Jean-in-Montana Ne convenait-il pas qu'après
avoir élevé ce sanctuaire en souvenir de la Visitation, lui,
que MARIE avait daigné aussi visiter, la vît venir vers lui, à son
dernier jour, dans le lieu même où sainte Élisabeth s'était
écriée : « *D'où me vient donc ce bonheur que la Mère de
mon DIEU vienne me visiter ?* »

Le 30 avril il arrivait à Saint-Jean avec les jeunes gens,
les prêtres et les Frères de l'école des arts et métiers, pour la
procession de l'ouverture du Mois de MARIE, qui fut très
solennelle. Mais le lendemain, 1er mai, soixante-dixième anniversaire de sa naissance, il s'alita pour ne plus se relever. Pris
d'une fièvre violente au moment où il allait commencer la
messe, il eut de la peine à regagner sa chambre ; cependant,
habitué à se traiter durement, il ne voulut pas d'abord tenir
grand compte d'une indisposition qui débutait avec de graves
symptômes. Une pneumonie se déclara, et le mal fit de si
rapides progrès que le 6 mai, jour de la seconde fête de saint
Jean l'Évangéliste, fils adoptif de la Sainte Vierge au pied de
la croix, il entra en agonie.

Au sein de ce petit paradis de Saint-Jean, tout fleuri,
tout parfumé, MARIE revenait vers son autre fils et lui disait :
« *L'hiver est passé, les pluies s'en sont allées, le ciel n'a plus de
nuages ; en notre terre les fleurs se montrent, le figuier produit son
fruit, les vignes fleurissent et répandent leur parfum. Lève-toi,
mon bien-aimé, et viens.* »

Et lui, après avoir reçu en pleine connaissance les derniers sacrements, a suivi sans crainte la voix qui l'appelait.
Il a fait cela doucement, simplement, comme un vrai saint
Joseph. A peine deux ou trois amis, prêtres du Seigneur, trois
ou quatre Sœurs de Sion se trouvaient près de lui, contem-
plant à travers leurs larmes ce paisible coucher de soleil.

Sur les huit heures, ses yeux, qu'il tenait depuis longtemps
fermés, s'ouvrirent sans effort, et il se prit à regarder en souriant devant lui, *comme s'il voyait une personne aimée......* Puis
ses yeux se refermèrent, il exhala trois légers soupirs et
mourut.

PAUL FÉVAL.

1816 – 1887.)

LE 8 mars 1887 mourait, chez les Frères de Saint-Jean de Dieu, l'aimable conteur nommé Paul Féval. Il était né à Rennes, dans la capitale de la Bretagne, terre de la fidélité, de la bravoure et de l'honneur.

C'est le 29 septembre 1816 que commença, pour le frêle enfant qui allait devenir un de nos plus illustres romanciers, cette longue vie de soixante-dix années mouvementée comme un de ses poignants récits, si pleine tour à tour d'amertumes et de fiertés, de joies et de tristesses.

Il passa les années de son enfance studieuse dans sa ville natale, au sein d'une de ces vieilles familles qui gardaient fidèlement, avec les mœurs du pays, les traditions religieuses et politiques des ancêtres : *Un roy, une foy, une loy*, comme dit l'ancien proverbe normand.

Dans le *Drame de la jeunesse*, une de ses premières œuvres, où il a raconté, avec toute son imagination et tout son cœur, une des époques les plus tragiques de sa vie, Paul Féval décrit les courages, les tristesses et les joies calmes du foyer de sa famille si dévouée et si chrétienne. On voit défiler, la tête haute, sans peur et sans reproche, toute une galerie d'honnêtes gens : père, mère, frères et sœurs, qui ne connaissaient d'autre devise que celle de leur chère Bretagne : « *Potius mori quam fœdari !* Plutôt la mort que la honte ! »

Paul entra très jeune au collège de Rennes. Son père, qui était conseiller à la cour, obtint pour lui une demi-bourse ; car si l'ordre et l'épargne régnaient dans la famille, la gêne n'en était point bannie. « Un jeudi soir, raconte-t-il, que mon père me ramenait au collège : Paul, me dit-il, ne vous endormez pas sur votre examen de bachelier ; cela coûte de l'argent, *et nous ne sommes pas à l'aise !* » L'enfant comprit, et cette larme furtive qui s'échappa d'un œil fier le toucha bien plus que si on lui eût parlé de pauvreté.

Le jeune collégien était dans sa treizième année lorsque

éclata la Révolution de 1830. Mme Féval l'emmena dans un vieux château du Morbihan appartenant à un de ses parents. Avec quel plaisir l'enfant n'entendait-il pas narrer chaque soir à la veille, sous le vaste et sombre manteau de la cheminée, tous ces chevaleresques et intéressants récits qu'on retrouvera plus tard dans la plupart de ses romans !

Ses études classiques terminées, Paul, devenu jeune homme, consentit à se préparer au barreau. Il conquit sa licence en

Paul Féval.

droit, fit son stage et attendit la clientèle. On le chargea, pour sa première cause, de défendre d'office un villageois accusé d'un détournement de volaille avec effraction et escalade. En vain le jeune avocat présenta-t-il avec une gravité solennelle qui fit rire l'auditoire, la défense de son client ; celui-ci, excité par l'hilarité générale, se mit à développer à ses juges la curieuse manière de voler les poules sans les faire crier. Le maximum de la peine fut l'unique récompense qu'obtinrent le disert défenseur et son habile client.

Dès le lendemain, Paul Féval déchira sa robe et jeta sa toque aux orties ; Paris le tentait comme un brillant mirage : il alla chercher fortune à Paris.

**
* *

En arrivant dans la capitale, notre héros dut se contenter d'un modeste emploi de commis dans une maison de banque; mais à peine avait-il pris possession de sa place qu'il ne tarda pas à être congédié. Entraîné par son penchant naturel, l'apprenti banquier, au lieu de s'occuper du soin des borde-reaux, se livrait à la lecture des romans.

Tombé presque sans le sou sur le pavé, il lui fallut lutter pied à pied avec la misère. N'était-ce pas le moment de mettre à exécution ses projets littéraires ? Il composa une tragédie en cinq actes, qui passait à ses yeux pour un chef-d'œuvre. Éditeurs et journalistes l'éconduisirent plus ou moins poliment sans lui accorder même une lecture.

Un jour enfin, à bout de ressources, sans amis, sans espé-ances, sans illusions, il rentre chez lui, triste, faible, décou-ragé ; il monte en chancelant dans sa pauvre mansarde, et, le lendemain, on ne l'entend pas descendre... La pensée d'un suicide traverse l'esprit du concierge ; il franchit les six étages, frappe à la porte, et, n'obtenant aucune réponse, donne l'alarme à tout le voisinage. On accourt, la porte est forcée, et l'on aperçoit Paul étendu sans mouvement et presque sans souffle sur son lit. A côté de lui un livre est ouvert : c'est l'*Imitation de JÉSUS-CHRIST*, son seul et dernier bien. Un mé-decin, appelé en toute hâte, déclare que le jeune homme se meurt d'inanition.

Peu de jours après, remis sur pied, grâce aux soins de quel-ques amis improvisés, Paul Féval obtint un emploi de correc-teur au *Nouvelliste*, où il parvint à glisser quelques articles qui furent remarqués. Un récit original, *le Club des phoques*, et un roman, *les Chevaliers du Firmament*, lui ouvrirent le rez-de-chaussée de plusieurs journaux de l'époque. C'est alors qu'il publia ses charmants *Contes de Bretagne*, qui établirent d'une manière solide sa réputation d'écrivain.

*
* *

Paul Féval, s'élevant de succès en succès, était rapidement parvenu à la richesse et à la popularité. La Providence lui fit rencontrer une femme qui devait être la lumière, la force et la consolation de sa vie. Son train de maison, en 1872, était de quarante-huit mille francs par an.

Pendant toute la durée de l'Empire, Paul Féval régna dans les journaux, où les chroniqueurs citaient son nom à toute occasion. Président de la Société des gens de lettres et vice-président de la Société des auteurs dramatiques, il se trouvait entouré d'une foule d'élèves, d'amis et d'admirateurs. L'empereur l'invitait à Compiègne, où l'impératrice lui témoignait beaucoup de bonté. « J'ai raconté deux ou trois histoires, écrivait-il à M. Albéric Second. L'impératrice a fait semblant de les trouver drôles. » Les ministres, interprètes de l'opinion publique, honoraient son mérite en attachant sur sa poitrine la croix de chevalier, puis la rosette d'officier de la Légion d'honneur.

Il faut avoir connu Paul, raconte M. Jules Claretie, pour savoir à quel degré ce causeur possédait un je ne sais quoi de *fin*, de *narquois*, d'*original* et de *sarcastique* dans l'esprit. « Nous avons tous, nous qui l'avons aimé, nous avons encore dans l'oreille la voix lente, musicale et d'une caresse railleuse de Paul Féval nous contant ses histoires bretonnes. Il était éloquent et il était charmant. Il donnait la vie au moindre mot. Il apportait dans sa façon de plaisanter je ne sais quelle bonhomie rurale et comme socratique... »

Au milieu de ces succès, de ces acclamations, de cette renommée, il oublia les enseignements de sa jeunesse et participa à l'indifférence du plus grand nombre. Cependant, chose étrange ! dans tous ses livres et dans toutes ses pièces, qui, pendant trente années, ont amusé ses contemporains,

Paul Féval n'a pas tracé une seule ligne contre la religion. Son respect pour l'Église et ses enseignements le fit même traiter souvent de « clérical », longtemps avant son retour à la foi de ses jeunes années. « Ma foi en la puissance immortelle de l'Église, disait-il plus tard, subsistait presque intacte malgré mes défaillances... C'était à la fois un instinct et un ressouvenir... Ma première Communion était si loin que je ne l'apercevais plus, même à perte de vue ; mais je la sentais encore, et les tendres enseignements de mon père persistaient à mon insu dans un repli de ma conscience malade... De là vient qu'aux plus mauvaises époques de ma vie j'ai toujours passé pour être un catholique. En dépit de ma longue indifférence et des oscillations de ma morale privée, *je n'ai jamais ni écrit une ligne, ni prononcé une parole contre la religion*, et le rédacteur en chef de tel journal francmaçon où je publiais mes romans sous l'Empire, me disait : Vous suez le catholicisme et le légitimisme. »

* * *

Comment Paul Féval est-il revenu à DIEU ? Jamais sans doute il n'avait perdu la foi : il avait cette foi du Breton que rien n'ébranle, et qui résiste aux orages de la vie comme les rochers aux flots courroucés de l'Océan. Seule la pratique faisait défaut. « Il s'est converti, remarque M. Barbey d'Aurevilly, non pas à l'idée, mais à la pratique chrétienne. L'idée, il l'avait, il pensait comme nous, il croyait comme nous. »

Lorsque le communard Jules Vallès apprit que Paul Féval venait de se convertir, il écrivit dans le *Cri du peuple :* « Ils croient tous en DIEU, ceux qui sont nés au milieu de l'Océan. Il n'y a de place en ce pays, désert de granit planté de vieux chênes, que pour les pensées de l'infini. La terre et la mer sont trop tristes ; ils regardent le ciel. Parmi ceux mêmes qui ont roulé jusqu'à Paris et ont reçu sur leurs scapulaires de village tous les coups de feu de la vie, c'est rare qu'on trouve un impie pour de bon. »

Rien de plus vrai que ces salutaires influences de la catholique Bretagne sur Paul Féval. A l'époque même de ses
plus grands succès, alors même qu'il ne songeait qu'à la fortune et à la gloire, elles le préservèrent des lâches concessions
aux bas appétits du public. On lui offre une forte somme
pour calomnier les Jésuites, qu'il ne connaît pas. Il accepte ;
il consulte, il étudie les documents ; la lumière se fait dans
son esprit et il s'aperçoit qu'il a accepté, sans s'en douter, une
vilaine besogne : « C'est un travail de mauvais aloi, dit-il,
qui ne peut convenir à un franc porte-plume, indifférent
comme je le suis en matière de religion, mais tenant à sa
probité littéraire comme à la prunelle de ses yeux. »

Bien plus : il ne se contente pas de respecter la vérité,
mais des pratiques religieuses de son enfance il a conservé
quelque chose : « Je n'ai jamais cessé de dire tous les jours
le *Sub tuum* et l'*Ave Maria*, n'osant plus prier DIEU. Le *Sub
tuum* m'avait été légué par mon frère, le Charles de la
Première Communion. »

Aussi c'est à la Mère de miséricorde qu'il attribue sa conversion.

La scène qui raconte ce mystérieux événement a été décrite avec une noble simplicité par Paul Féval lui-même
dans sa plus belle œuvre : *Les Étapes d'une conversion.*

Au moment où tout semblait sourire à ses projets, il se
trouva tout à coup ruiné. Sa fortune venait de sombrer dans
un immense désastre, la catastrophe des fonds ottomans,
sur lesquels elle reposait tout entière. Quelle douleur pour
le père de famille de voir engloutir, presque à l'entrée du port,
l'avenir de ses huit enfants, ces épargnes péniblement amas-
sées pendant de longues années d'un travail acharné !

A peine osait-il annoncer à la vaillante compagne de sa
vie la terrible nouvelle. Lorsqu'il le fit enfin, la courageuse
femme, refoulant au fond de son cœur toutes ses angoisses
maternelles, ne laissa entendre que ce cri sublime de résignation chrétienne : « Tant mieux ! car désormais rien ne
vous sépare de DIEU. »

DIEU avait frappé le grand coup, le « coup de grâce » ;

mais Paul Féval ne revenait que « petit à petit ». C'est en lisant *les Étapes d'une conversion* qu'on peut comprendre quelle crise effroyable il eut à traverser. « Jean, dit-il amèrement au début de son livre, avait un salon autrefois, de beaux meubles, des tableaux, des flatteurs, des domestiques et même des amis, ceux de Job ; il avait de l'argent beaucoup, et même un peu de gloire... Rien de tout cela ne lui restait. »

Un grand orateur, le P. Lacordaire, a dit : « Le malheur ouvre l'âme à des lumières que la prospérité ne discerne pas.» Paul Féval se plongea dans une méditation douloureuse : « Qu'est-ce que le travail ? disait-il. Qu'est-ce que les livres ? Qu'est-ce que l'intelligence ? Tout n'est rien quand on fouille sa vie, qu'on revoit le passé, qu'on revient sur ses pas. Ai je été chrétien ? Il ne s'agit plus de croire, mais de pratiquer ; la foi ne suffit pas, il faut les œuvres... »

Il hésitait cependant ; l'habitude, le respect humain le retenaient encore. Enfin il se jette plein de confiance dans le sein de Dieu, comme un enfant dans les bras de son père. Cette pensée si touchante du bon Dieu qui éprouve ceux qu'il aime lui revenait souvent à l'esprit, et il s'écriait : « Il faut que le bon Dieu m'aime beaucoup, car il m'a rudement châtié. »

Et se rappelant cette parole de Fénelon : « Quand on est chrétien, il n'est pas permis d'être lâche, » il se remet au travail avec courage, regardant sans crainte l'avenir : « J'ai toujours aimé Dieu et le travail, s'écrie-t-il. A dater d'aujourd'hui, je sens que je les aime davantage. »

**

C'en est fait : Paul Féval est converti, il l'est entièrement. Pour les belles et nobles âmes, il n'y a pas de milieu.

Peu de temps après les événements qui lui avaient dévoilé le néant des choses du monde, le nouveau converti se mêlait à la foule des pèlerins du Sacré-Cœur, et gravissait en

priant la colline de Montmartre, qui allait devenir le Thabor
de sa transfiguration spirituelle. Il s'agenouilla pieusement
au céleste banquet, et, quand il se releva tout inondé de
larmes de joie, il était tout transformé.

« Au moment où je sortais de la basilique, a-t il écrit dans
une page éloquente, Paris, malgré le grand soleil, disparais-
sait derrière une brume ; image frappante du combat qui
incessamment se livre, en ce lieu illustre et fatal, entre les
ténèbres et la lumière. Une seule lueur perçait le linceul
de brouillard : c'était l'étincelle arrachée par le baiser du jour
à une croix d'or au sommet d'une église. *O Crux, ave!* ô lueur,
salut ! *Spes unica !* rayon sans pareil ! Il suffira de toi, symbole de l'humilité qui éblouit et de la victoire dans la mort,
phare allumé par DIEU même, pour guider notre France
aveuglée vers les clartés de l'avenir.

» Cela est. J'y crois.

» Pendant que je regardais à mes pieds Paris, le géant
vautré dans son ombre, j'entendais au-dessus de ma tête
votre voix inspirée, mon Père, qui implorait comme on
ordonne, répétant au souverain Cœur de l'HOMME-DIEU :
Ayez pitié, ayez pitié, ayez pitié ! — Ayez pitié de la France ! »

*
* *

Désormais Paul Féval est tout à DIEU.

Sa fille aînée veut se faire religieuse. « Nous sommes en
grand trouble, dit-il. Beaucoup de chagrin et de joie. Ma
fille se donne à DIEU et nous quitte. Que DIEU soit béni ! »
Nul coup ne lui eût paru plus cruel s'il n'avait pas trouvé
dans sa foi un baume à sa blessure : « Ma fille, écrivait-il
encore, m'était précieuse et presque nécessaire selon le
monde. Le Cœur de JÉSUS me l'a prise par saint Martin
dans son pèlerinage de Tours. Soit béni le Sacré-Cœur de
JÉSUS !... »

Il s'impose un sacrifice, héroïque pour un artiste : il corrige
toutes ses œuvres ; il le fait rondement : DIEU l'avait frappé

en 1876 ; en 1881 la revision était presque achevée. Par scru-
pule ou devoir de conscience, il racheta même tout ce qu'il
put de sa propriété littéraire, et se fit céder tous les exem-
plaires de ses ouvrages détenus en magasin. Il sacrifiait ainsi
un capital énorme.

Mais ce n'était pas assez : de ces milliers de volumes trans-
formés en papier de pliage et vendus pour faire des cornets
à tabac, il ne voulut pas qu'un seul sou lui profitât : « C'est
de l'argent *mal gagné !* » disait-il. Cet argent fut employé à
secourir les pauvres.

Ce n'est pas assez ; il emploie ses derniers jours à prier et
à écrire de nouveaux livres : il veut être apôtre.

Il publie les *Merveilles du Mont Saint-Michel, Jésuites, Pas
de Divorce, Le Denier du Sacré-Cœur,* etc...« L'artiste, doublé
du chrétien dans M. Paul Féval, s'écrie M. Barbey d'Aurévilly,
a élevé le tout à un idéal de beauté qui prouve que le talent
est déjà chez lui transfiguré par la foi. Gœthe criait en mourant : *Toujours plus de lumière ! toujours plus de lumière !*
Nous disons, nous, à M. Féval, comme à tous les chrétiens :
*Toujours plus de christianisme ! toujours plus de christia-
nisme !* » Paul Féval répondit à ce pressant appel. Aussi son
chef-d'œuvre est-il ce beau livre *Les Étapes d'une conversion :*
c'était son œuvre favorite, c'est l'histoire de sa conversion
racontée avec une émotion vraie et pénétrante.

*
* *

Le converti aspirait au Ciel. Dieu enfin, après l'avoir épuré
par la souffrance et dans la retraite, l'appela à lui pour le
couronner.

« Rien n'est fort que la foi ; nul n'est grand sinon Dieu. »

Ce vers est de lui, il le méditait souvent ; Dieu lui en fit
voir dans le Ciel toute la vérité. Vraiment, rien n'est fort que
la foi, cette foi qui, tôt ou tard, subjugue les nobles cœurs.
Nul n'est grand sinon Dieu, ce Dieu qui triomphe de tout
par sa puissance et surtout par son amour.

CHEVREUL.

(1786 – 1889.)

L E 9 avril 1889 s'éteignait un des savants les plus illustres de notre époque, M. Chevreul, membre de l'Ins-
titut et directeur du Muséum, dans la cent troisième année
de son âge.

Deux jours après, quand on proposa, à la Chambre des
députés, de lui célébrer des obsèques nationales, Mgr Freppel
prononça ces paroles :

« C'est au corps des savants qu'il appartiendra de dire quels
éminents services M. Chevreul a rendus à la science et à
l'industrie dans le cours d'une carrière qu'il a plu à la Providence de prolonger bien au delà du terme ordinaire de la
vie.

» Pour moi, qui ai eu l'honneur de le connaître de près,
je ne veux retenir de sa vie qu'une chose, c'est que cet homme
qui, par ses admirables découvertes, par les inventions si
fécondes dont on parlait tout à l'heure, a fait la fortune de
tant d'autres, ne s'est jamais préoccupé du soin de faire la
sienne propre.

» Il laisse derrière lui, il laisse à la jeunesse française, il
nous laisse à tous, avec l'exemple d'un labeur infatigable,
une réputation d'intégrité et de désintéressement qui ajoute
un dernier trait à cette figure, l'une des plus belles et des
plus nobles de notre temps ! »

Le grand évêque compléta son appréciation sur M. Chevreul en ajoutant qu'il n'était pas seulement un savant illustre,
mais encore un « chrétien convaincu ».

*
* *

M. Chevreul (Michel-Eugène) naquit à Angers le 31 août
1786.

Son père était un médecin très estimé. En 1793, il avait donné l'hospitalité à des nobles et à des prêtres pour les soustraire à l'échafaud.

Le jeune Chevreul vit de bonne heure les atrocités de la Révolution. « Un jour, racontait-il, poussé par la curiosité, je sortis de la maison, et je fus témoin de l'exécution de deux jeunes filles de dix-huit à dix-neuf ans, regardées comme suspectes d'avoir caché des prêtres réfractaires. Le bourreau, armé du briquet et coiffé du bonnet phrygien, m'aperçut dans la foule, et, me faisant avancer, il dit : « Il faut que ce petit b... de patriote s'habitue à voir couler le sang... »

Nous ne rapporterons pas ici les différentes étapes de cette vie longue d'un siècle, ni toutes les découvertes qui l'ont illustrée. Nous dirons seulement que le jeune Chevreul fit sa première Communion en particulier, dans une maison où les prêtres ne pouvaient aller qu'à la dérobée. Aussi son instruction religieuse fut-elle très incomplète. Il ne tarda pas à devenir un disciple de Voltaire.

Vers la fin de sa vie, il revint aux pratiques religieuses, grâce aux prières et à la charité de sa pieuse famille.

M. l'abbé Riche, prêtre de Saint-Sulpice, raconte comment l'illustre académicien l'admit dans son intimité et lui ouvrit sa conscience.

Un jour que M. Chevreul était malade, M. l'abbé Riche est appelé en toute hâte. Le ministre de JÉSUS-CHRIST part aussitôt ; il est introduit dans la chambre de son ami.

« — Mon vénérable ami, dit-il au vieillard, moi aussi j'ai été gravement malade. DIEU m'a guéri pour vous. Vous rappelez-vous ce qui s'est passé entre nous il y a quatre mois ? De vous-même, alors, vous m'avez demandé de faire une confession. Tout n'est pas fini... »

Et après avoir exhorté le malade à remplir ses devoirs, tous ses devoirs, le prêtre dit :

« — Prions d'abord ensemble.

» Je joignis les mains, dit M. l'abbé Riche, et le malade joignit les siennes. Je fis sur moi le signe de la croix, et le malade fit comme moi.

» — Prions !

» Alors, je commençai lentement et à voix haute l'Oraison dominicale ; et le malade répétait après moi...

» — Que c'est beau ! s'écria t-il, que c'est grand ce que vous dites là !

Chevreul.

» Et nous achevâmes ainsi toute la prière. Avant qu'elle fût terminée, M. Chevreul avait laissé tomber sa tête sur ses deux mains, et je voyais entre ses doigts les larmes qui coulaient.

» — Oui, repris-je, c'est beau, c'est grand ; mais c'est bon surtout. Il faut donc aller jusqu'à la conclusion. La confession que vous avez commencée il y a quatre mois et demi, il faut l'achever aujourd'hui...; à genoux, devant DIEU et devant le ministre de ses miséricordes. A genoux !...

» M. Chevreul se confessa, et il reçut le sacrement de Pénitence.

» Nous continuâmes à prier ensemble.

» Quand tout fut terminé entre DIEU, le malade et moi, je dis au savant :

» — Vous ne garderez pas pour vous seul les grâces que vous venez de recevoir ; vous allez dire vous-même à vos chers enfants le bonheur de votre retour à DIEU....

» Le savant revenait de loin... Il n'avait jamais été matérialiste ; il n'avait jamais été athée non plus : c'était un déiste. Or, pour arriver de là au christianisme et au catholicisme, il y avait encore à franchir la distance infinie du naturel au surnaturel : cette distance fut tout à coup franchie par une grâce toute particulière de la bonté de DIEU. La figure du CHRIST s'illumina devant le savant avec un caractère divin : il y reconnut DIEU, et, s'agenouillant devant lui, il l'adora. »

***

Quelque temps après, on préparait les fêtes du centenaire de M. Chevreul. M. l'abbé Riche en profita pour commenter au savant deux textes de la sainte Écriture : «*Non nobis, Domine, non nobis, sed nomini tuo da gloriam :* Non, Seigneur, que la gloire ne soit pas pour nous, mais bien pour votre nom. » Et puis : « *In memoria æterna erit justus :* La mémoire du juste sera éternelle. » Le prêtre s'attacha à démontrer la vérité de ces paroles divines.

« — Oui, reprit M. Chevreul, vous me l'avez déjà rappelé : la vérité, c'est DIEU.

» — Ces paroles sont de Bossuet, répliqua l'abbé Riche, et c'est encore lui qui a ajouté : *Aimer DIEU et la vérité, c'est la même chose.* Malheur à la science qui ne se tourne pas à aimer, elle se trahit elle-même ! »

M. Chevreul, qui était un grand admirateur de Bossuet, fut ravi de ces paroles.

Le jour de l'Ascension, M. l'abbé Riche demanda au vénérable centenaire la permission de lui faire un sermon sur la fête ; il développa ce texte de l'Évangile : « *Je vais vous préparer au Ciel une place.* » Le savant académicien écouta la parole de Dieu en silence et avec un grand respect. Lorsque le prêtre eut fini :

« — Au temps où nous sommes, dit M. Chevreul, il faut dans le catholicisme des hommes qui ne soient pas ordinaires ; il lui faut de grands hommes, des hommes de génie.

» — La gloire du chrétien, répondit l'abbé Riche, elle est dans le témoignage de sa conscience ; et elle consiste à traiter le monde dans la simplicité du cœur et la sincérité de Dieu. D'ailleurs, pour nous, servir Dieu, c'est régner : « *Servire Deo, regnare est.* »

Lorsque l'abbé Riche quitta M. Chevreul pour la dernière fois avant les fêtes du centenaire, il lui laissa comme souvenir la parole qu'il crut la meilleure pour la circonstance : « *Memento, homo, quia pulvis es, et in pulverem reverteris :* Souviens-toi, ô homme, que tu n'es que poussière, et que tu retourneras en poussière. »

A ces mots, il bénit le vieillard, et ils s'embrassèrent affectueusement.

***

Deux ans après les fêtes du centenaire, la vie de M. Chevreul semblait toucher à sa fin.

M. l'abbé Riche accourut : il trouva le malade dans une pleine sérénité. Après quelques paroles sur une question religieuse, M. Chevreul entra brusquement en matière en disant qu'il pensait à se confesser.

« — Dans une question de cette importance, répondit l'abbé Riche, on ne doit pas remettre au lendemain ce qui peut se faire aujourd'hui.

» — Eh bien, aujourd'hui même, si vous le voulez »

Et la chose se fit.

Lorsque la confession fut terminée, on régla les cérémonies pour la communion.

« — Vous ne pouvez pas venir à l'église, dit le prêtre au malade ; vous êtes obligé de garder le lit ; mais, puisque vous ne pouvez aller à Dieu dans son église, Dieu viendra vous trouver chez vous.

» — C'est convenu. »

Le lendemain, à six heures du matin, le malade attendait son Seigneur et son Dieu. Il le reçut avec un grand respect et une vive émotion. Il resta quelque temps dans l'adoration et le silence.

Lorsqu'il en sortit, levant les yeux au Ciel, il s'écria :

« — Oh ! merci ! mon Dieu ! merci ! »

***

Cependant l'illustre malade se releva.

Le 5 avril 1889, M. Chevreul tomba de nouveau dans un accablement qui fit craindre pour sa vie.

Le lendemain, la crise se renouvela plus menaçante :

M. l'abbé Lelièvre, aumônier de l'hôpital de la Pitié, vint en toute hâte administrer l'Extrême-Onction au moribond, et, quatre jours plus tard, le savant chimiste rendait son âme à Dieu.

Sa longue vie, consacrée tout entière au travail, demeurera un modèle d'honneur et un grand exemple de vertu.

Chez lui, comme chez tous les vrais savants, la science, bien loin de l'éloigner de la Religion, l'y avait ramené.

Le Vénérable P. LIBERMAN.

(1804 - 1852.)

FRANÇOIS- MARIE- PAUL LIBERMAN naquit, le 12 avril 1804, à Saverne en Alsace. Il fut le cinquième enfant du rabbin Lazare Liberman. Appelé Jacob par les Juifs, il reçut, après sa conversion, trois noms choisis entre les plus beaux noms chrétiens, comme une triple consécration à l'humilité, à l'apostolat, à tous les sacrifices.

Jacob fut élevé dans la haine du nom chrétien. On peut en juger par un ou deux traits d'enfance racontés depuis par lui-même.

Un jour, le curé de Saverne, revenant du cimetière en habit de chœur, se trouva en présence du petit Jacob. Ces ornements, la croix debout devant lui, tout ce cortège l'épouvante. Trouvant une boutique ouverte, il s'y jette éperdu, se blottit derrière un comptoir, et là, tremblant comme la feuille, au milieu des rires de tous les témoins de la scène, il attend que tout soit passé.

Un autre jour, le même prêtre revenait de visiter un malade et de lui administrer le saint Viatique ; au détour d'un chemin bordé de murs, il rencontra le rabbin, accompagné du jeune Jacob. Celui-ci, effrayé du costume ecclésiastique et ne sachant que devenir, se mit à grimper sur l'un des murs pour s'enfuir à travers champs.

Intelligent et studieux, il se distingua bientôt au milieu de ses coreligionnaires par ses progrès dans la science rabbinique, dont il franchit avec honneur les divers degrés. Son frère aîné, nommé Samson, était son rival dans l'explication du Talmud, seul commentaire de la loi autorisé parmi les Juifs.

Mais DIEU, qui avait déposé dans cette âme une grande simplicité d'esprit et de cœur, comme un germe de sa vocation future, l'éloigna par sa providence du toit paternel, où le fanatisme religieux eût fermé toutes les issues aux sources des grâces qui lui étaient préparées.

Laissons maintenant la parole au vénérable serviteur de DIEU :

⁎

« . . . J'étais âgé d'environ vingt ans quand il plut à DIEU de commencer l'œuvre de ma conversion. Mon père, qui était un rabbin distingué, m'avait fait étudier jusqu'alors, auprès de lui, la science talmudique. Il était content de mes progrès et se complaisait dans la pensée qu'il me laisserait un jour l'héritier de sa fonction, de sa science et de la considération dont il jouissait auprès de ses coreligionnaires. Vers le temps dont je parle, il se décida à m'envoyer à Metz...»

Le jeune homme croyait y trouver des protecteurs dans les amis de son père ; il ne rencontra que des hommes indifférents. Le maître même qui était chargé de son éducation fut plus que froid à son égard.

« Dans une semblable position, continue-t-il, je ne pouvais que m'ennuyer beaucoup. Je tombai bientôt dans une tristesse profonde. C'est l'état qui dispose le plus un cœur dévoyé à se tourner vers le Seigneur, et à s'ouvrir aux influences de la grâce.

» Jusque-là j'avais vécu dans le judaïsme de bonne foi, et sans soupçonner l'erreur ; mais en ce temps je tombai dans une espèce d'indifférence religieuse, qui en quelques mois fit place à une absence complète de foi. Je lisais cependant la Bible, mais avec défiance ; ses miracles me rebutaient, et je ne les croyais plus.

» Cependant mon frère aîné, actuellement médecin à Strasbourg, venait de passer au christianisme. J'attribuai d'abord sa démarche à des motifs naturels. Je pensai qu'il en était où j'en étais moi-même, relativement au judaïsme, mais je le blâmais d'avoir, par son abjuration, donné du chagrin à nos parents. Néanmoins je ne me brouillai pas avec lui. Nous liâmes même en ce temps une correspondance. Je la commençais par une lettre dans laquelle je lui faisais quelques re-

proches sur sa démarche, et je lui exposais mes pensées sur
les miracles de la Bible. Je lui disais, entre autres choses, que

Metz.

la conduite de DIEU serait inexplicable si ces miracles étaient
vrais ; qu'on ne comprendrait pas que DIEU en eût tant

opéré pour nos pères idolâtres et prévaricateurs, tandis qu'il n'en faisait plus pour leurs enfants qui le servaient, depuis longtemps, avec une si parfaite fidélité. Je concluais à rejeter ces anciens miracles comme une invention de l'imagination et de la crédulité de nos pères.

» Mon frère me répondit qu'il croyait fermement les miracles de la Bible ; que DIEU n'en faisait plus aujourd'hui parce qu'ils n'étaient plus aussi nécessaires ; que le Messie étant venu, DIEU n'avait plus besoin de disposer son peuple pour le recevoir ; que tous les prodiges de l'Ancien Testament n'avaient d'autre fin que de préparer ce grand événement.

» Cette lettre me fit quelque impression ; je me disais que mon frère avait bien dans son temps fait les mêmes études que moi ; cependant je persistais à attribuer sa conversion à des motifs humains, et l'effet produit par sa lettre fut bientôt détruit. D'ailleurs le doute qui s'était emparé de mon esprit était trop profond pour céder à un ébranlement aussi faible : la bonté de DIEU m'en préparait d'autres.

» Un de mes condisciples me montra, en ce temps, un livre hébraïque non ponctué, qu'il ne pouvait pas lire, parce qu'il débutait dans l'étude de l'hébreu ; je le parcourus avidement : c'était l' « *Évangile traduit en hébreu* ». Je fus très frappé de cette lecture. Cependant, là encore, les miracles si nombreux qu'opérait Notre-Seigneur JÉSUS-CHRIST me rebutèrent.

» Je me mis à lire l'*Émile* de Rousseau. Qui croirait que cet ouvrage, si propre à ébranler la foi d'un croyant, fut un des moyens dont DIEU se servit pour m'amener à la vraie religion ? C'est dans la *Confession du vicaire savoyard* que se trouve le passage qui me frappa. Là, Rousseau expose les raisons pour et contre la divinité de JÉSUS-CHRIST, et il conclut par ces mots : « Je n'ai pas été à même jusqu'ici de » savoir ce que répondrait à cela un rabbin d'Amsterdam. » A cette interpellation, je ne pus m'empêcher d'avouer intérieurement que je ne voyais pas non plus ce qu'il aurait à répondre.

» Telles étaient mes dispositions à cette époque, et toutefois l'œuvre de ma conversion ne faisait pas de grands progrès. J'appris alors que deux autres de mes frères, qui habitaient Paris, venaient pareillement d'embrasser le christianisme. Cela m'émut jusqu'au fond de l'âme ; je prévoyais bien que leur aîné finirait par en faire autant. (Grâces à Dieu ! cela est en effet arrivé !) J'aimais beaucoup mes frères, et je souffrais en prévoyant l'isolement dans lequel j'allais me trouver auprès de mon père. J'avais un ami qui partageait mes dispositions à l'égard de la religion. Je le voyais souvent. Nos études et nos promenades étaient presque communes. Il me conseilla d'aller à Paris, d'y voir M. Drach, qui dès lors était converti, et d'examiner sérieusement ce que j'avais à faire avant de prendre les engagements qui sont liés à la profession de rabbin. Cette proposition était de mon goût ; j'y donnai une pleine adhésion. Mais il fallait la faire agréer à mon père, et cela n'était pas facile : lui écrire mes projets eût été le moyen le plus sûr de les rendre inutiles ; je me décidai donc à aller le trouver. J'arrivai à Saverne, bien fatigué du voyage que j'avais fait à pied ; mon père me laissa reposer un peu avant de me parler de ses craintes, mais le jour n'était pas encore terminé qu'il m'appelle près de lui. Il veut, sans plus tarder, éclaircir ses doutes. Un moyen facile était à sa disposition : il n'avait qu'à me questionner sur mes études, et sur le Talmud en particulier. Mes réponses devaient lui donner la mesure de mon application. Il savait bien que l'on ne peut en imposer à un maître sur un sujet qui demande tant de travail, tant de mémoire, tant d'aisance, tant d'habitude. Le Talmud, en effet, qui peut être saisi par un esprit d'une portée ordinaire, exige cependant quelque chose de très délié et de très exercé dans l'intelligence pour être bien rendu, bien présenté. Souvent même la plaisanterie s'y mêle, et des subtilités s'y montrent presque partout. Il n'y aura jamais que celui qui a étudié longtemps et récemment ces choses, qui puisse les rendre avec cette facilité qui caractérise les habiles.

» Mon père était de ce nombre, et, en dix minutes, tous

ses soupçons à mon sujet auraient été changés en de tristes réalités si la bonté divine, qui voulait me convertir, n'était venue comme miraculeusement à mon secours.

» La première demande qu'il me fit était précisément une de ces questions sur lesquelles il est impossible de ne pas se laisser voir tel qu'on est. Or, depuis deux ans, j'avais négligé presque entièrement l'étude du Talmud, et ce que j'en avais appris, je l'avais lu comme un dégoûté qui veut simplement sauver les apparences. Cependant à peine ai-je entendu la question, qu'une lumière abondante m'éclaire et me montre tout ce que je dois dire.

» J'étais moi-même dans le plus grand étonnement ; je ne pouvais m'expliquer une telle facilité à me rendre compte de choses que j'avais à peine lues. Je n'en revenais pas en voyant la vivacité et la promptitude avec lesquelles mon esprit saisissait tout ce qu'il y avait de confus et d'énigmatique dans ce passage qui allait décider de mon voyage. Mais mon père était encore plus émerveillé que moi-même, son cœur était enivré de joie, de bonheur. Il me retrouvait digne de lui, et il voyait disparaître les appréhensions qu'on lui avait inspirées à mon sujet. Il m'embrassa tendrement, m'inonda le visage de ses larmes. « Je soupçonnais bien, me » dit-il, qu'ils te calomniaient encore, quand ils disaient que tu » te livrais à l'étude du latin et négligeais les connaissances ». de ta profession. » Et il me montra toutes les lettres qu'on lui avait écrites en ce sens.

» Au souper ce bon père, voulant me régaler, alla chercher une bouteille de son vin le plus vieux, afin de se réjouir avec moi de mes succès.

» La permission de faire le voyage de Paris ne se fit pas longtemps attendre ; et, malgré les avis qu'on lui donnait que j'y allais pour rejoindre mes frères et faire comme eux, il ne put le croire. Il me donna donc une lettre pour le rabbin Deutz (c'est le père de ce Deutz qui a livré la duchesse de Berry) ; mais j'étais d'autre part recommandé à M. Drach, et c'est à celui-ci que je m'adressai. Cependant je portai un peu plus tard ma lettre à M. Deutz, je lui empruntai même un livre pour la forme ; mais, peu de temps après, je le lui rendis, et n'allai plus le voir.

» Je passai quelques jours auprès de mon frère, et j'étais bien touché de voir le bonheur dont il jouissait. Néanmoins j'étais encore bien loin de me sentir changé et converti. M. Drach me trouva une place au collège Stanislas, et il m'y conduisit. Là on me renferma dans une cellule, on me donna l'*Histoire de la doctrine chrétienne* par Lhomond, ainsi que son *Histoire de la religion,* et on me laissa seul.

» Ce moment fut extrêmement pénible pour moi. A la vue de cette solitude profonde, de cette chambre où une simple lucarne me donnait le jour, la pensée d'être si loin de ma famille, de mes connaissances, de mon pays, tout cela me plongea dans une tristesse profonde, mon cœur se sentit oppressé par la plus pénible mélancolie.

» C'est alors que, me souvenant du DIEU de mes pères, je me jetai à genoux, et le conjurai de m'éclairer sur la véritable religion. Je le priai, si la croyance des chrétiens était vraie, de me la faire connaître ; si elle était fausse, de m'en éloigner tout aussitôt.

» Le Seigneur, qui est près de ceux qui l'invoquent du fond de leur cœur, exauça ma prière. Tout aussitôt je fus éclairé ; je vis la vérité ; la foi pénétra mon esprit et mon cœur. M'étant mis à lire Lhomond, j'adhérais facilement et fermement à tout ce qui est raconté de la vie et de la mort de JÉSUS-CHRIST. Le mystère de l'Eucharistie lui-même, quoique assez imprudemment offert à mes méditations, ne me rebuta nullement. Je croyais tout sans peine. Dès ce moment, je ne désirais rien tant que de me voir plongé dans la piscine sacrée. Ce bonheur ne se fit pas longtemps attendre. On me prépara incontinent à ce sacrement admirable, et je le reçus la veille de Noël. Ce jour aussi, je fus admis à m'asseoir à la Table Sainte (1826).

» Je ne puis assez admirer le changement merveilleux qui s'opéra en moi au moment où l'eau du baptême coula sur mon front. Je devins vraiment un homme nouveau. Toutes mes incertitudes, mes craintes, tombèrent subitement. L'habit ecclésiastique, pour lequel je me sentais encore quelque chose de cette répugnance extraordinaire qui est propre à la nation juive, ne se présenta plus à moi sous le même aspect; je l'aimais plutôt que je ne le craignais. Mais surtout je me sentais un courage et une force invincibles pour pratiquer la loi chrétienne. J'éprouvais une douce affection pour tout ce qui tenait à ma nouvelle croyance.

» Je passai un an dans ce collège, pratiquant ma religion de bon cœur et avec joie. Je n'y étais pas cependant aussi à l'aise que je devais l'être plus tard au séminaire de Saint-Sulpice. Au milieu des bons exemples que j'avais sous les yeux dans cette maison, je trouvai un jeune homme qui pouvait me faire beaucoup de mal. Par des motifs que je ne compris jamais, il était sans cesse à me parler de ma conversion, comme d'une action que j'avais faite à la légère et sans motif : il me demandait les raisons qui m'y avaient déterminé, les combattait, et, à force de chicanes, finissait par me réduire au silence. Cependant mon cœur demeurait ferme, et, quoique je ne pusse pas lui expliquer les motifs de ma foi, je sentais que je croyais fermement.

» Ce fut en novembre 1827 que M. Drach vint me présenter à Saint-Sulpice. Déjà la retraite était finie. M. Drach commença par faire connaître les craintes qu'il avait sur ma santé ; il appréhendait que le lever de la communauté fût trop matinal pour moi. Le bon M. Garnier répondit rondement que, dans ce cas, il ne fallait pas venir au séminaire. De plus, mon introducteur ajouta que je savais parfaitement l'hébreu, mais que j'étais bien moins fort pour le latin. « Les cours de » théologie se font en latin, et non pas en hébreu, » reprit assez vivement M. le supérieur. Ces deux réponses me donnaient bien quelque crainte; cependant elles ne me rebutèrent pas. J'eus bien occasion d'éprouver plus tard qu'une grande bonté de cœur se cachait sous cette rigidité apparente.

» Mon entrée au séminaire de Saint-Sulpice fut pour mon âme une époque de bénédiction et de joie. On me donna pour *Ange* M. l'abbé Georges, aujourd'hui évêque de Périgueux. La grande charité avec laquelle il remplissait sa fonction me

confondait, et me faisait aimer de plus en plus une religion
qui inspire des sentiments si doux et si merveilleux. Et puis
ce silence qui se garde si bien au séminaire, ce recueillement
intérieur qui se lit sur toutes les figures, et qui est comme le
caractère spécial de ceux qui habitent cette sainte maison,
tout cela me faisait le plus grand bien. Je me sentais dans un
nouvel élément, je respirais à l'aise. Une seule chose me manquait dans ces commencements, c'est que j'ignorais complètement le moyen de faire oraison. Quoi qu'en eût dit d'abord
M. Garnier, il me permit facilement de me lever après les
autres, et je me voyais ainsi privé des répétitions et explica-
tions de l'oraison qui se font le samedi matin. Ne pouvant
faire mieux, je prenais mon manuel entre les mains, et je
faisais mon oraison en produisant successivement les actes
que la méthode indique. Cet exercice si pénible en apparence
m'était rendu agréable par l'onction de la grâce, et il me fut
très salutaire.

» Ainsi s'écoulèrent les premières années de mon séminaire. Tout allait selon mes désirs, lorsque, vers l'époque où
je devais recevoir le sous-diaconat, des attaques nerveuses se
firent sentir avec violence. On différa donc mon ordination,
et M. le supérieur m'envoya à Issy, espérant que l'air de la
campagne me serait salutaire. J'y demeurai jusqu'en 1837... »

Ici s'arrête le récit du Vénérable Père Liberman.

Pendant plus de dix ans, il fut soumis au terrible mal d'é-
pilepsie, et pendant tout ce temps il fut réduit à la condition
d'un simple serviteur du séminaire, où on le conserva par
charité et par estime pour son éminente piété. Toutefois,
contrairement à toutes les expériences acquises par la science,
cette terrible maladie produisait en lui des effets moraux
qui ne peuvent s'expliquer que par un secours spécial de
DIEU.

Chose plus merveilleuse encore, c'est pendant cette période
d'extrême abjection qu'il jeta les fondements d'une Congrégation de missionnaires, qui, sous le nom du Saint-Cœur de
MARIE, auquel ils ajoutèrent plus tard celui du Saint-Esprit,
se dévouent à l'évangélisation des populations les plus dé-

laissées, principalement celles du continent africain et de nos colonies.

Ce fut également à cette époque, et pendant un long séjour qu'il fit à Rome, logé comme saint Benoît-Joseph Labre dans un galetas étroit et humide, qu'il composa un commentaire sur l'Évangile de saint Jean, l'un des plus beaux et des plus profonds qui aient paru sur ce sujet. Comment un homme récemment converti du judaïsme, n'ayant fait que des études ordinaires de théologie, et complètement dépourvu de livres spéciaux sur la matière, a-t-il pu exposer, avec une science et une lucidité remarquables, cet évangile que le grand saint Augustin n'a commenté qu'en tremblant?

Pour ceux qui ne savent apprécier les choses que par l'extérieur, le P. Liberman n'a jamais dépassé la limite du plus humble ministère ; mais pour ceux qui savent suivre l'action divine, ce grand serviteur de Dieu a constamment vécu dans une sphère supérieure, avec les Thérèse et les François de Sales. Voilà pourquoi son œuvre a été, comme la leur, bénie du Seigneur.

C'est le 2 février 1852, fête de la Présentation de Jésus au temple, qu'il fut transporté de la terre au Ciel, tandis que, dans la chapelle, ses enfants chantaient ce verset du *Magnificat* : « *Et exaltavit humiles.* » Cette parole du sublime cantique de la Mère de Dieu recevait en lui un nouvel accomplissement.

LE COMTE SCHOUVALOFF.

(1804 – 1859.)

L'HISTOIRE moscovite est pleine du nom des Schouvaloff. Celui de leurs descendants dont nous racontons ici la touchante conversion, appartenait comme toute sa famille à l'Église gréco-russe.

Né à Pétersbourg en 1804, Grégoire-Pétrowitch Schouvaloff ne reçut, en fait d'instruction religieuse, que quelques notions vagues comme celles qu'on donne d'ordinaire aux jeunes nobles en Russie. Ayant perdu de bonne heure son père, sa tutelle fut confiée à un oncle maternel qui, sur un avis de l'empereur Alexandre, envoya son neveu en Suisse, dans un collège protestant, où l'aristocratie moscovite tenait à honneur de faire instruire ses enfants.

Hélas ! l'établissement en question brillait bien aux yeux du monde par un certain esprit chevaleresque dont on y faisait montre, mais on pourrait répéter ici tout ce qui a été dit sur l'empoisonnement des générations par les écoles sans DIEU.

A la crainte de DIEU, commencement de la sagesse, à la conscience morale, qui règle l'intérieur des âmes, à la vigilance et à la discipline, qui maintiennent dans le devoir, on avait substitué, dans cette école, un mot qui devait tenir lieu de tout : l'honneur. — N'était-ce point bâtir sur le sable ?

Le seul exercice religieux auquel tous les élèves fussent astreints était la messe du dimanche.

Schouvaloff et ses amis allaient l'entendre dans une chapelle du rit grec, et c'était pour eux le prétexte d'une magnifique promenade à cheval.

Schouvaloff puisait dans les leçons de ses maîtres la haine de l'Église et du Pape. Il buvait le poison, mais il ne s'apercevait pas du ravage produit dans son âme, cependant si généreuse et si belle. Bonté, talent, force, noblesse, richesse, rien ne semblait manquer au cœur de ce jeune homme.

A cet adolescent de nos écoles, qui a oublié DIEU et que,

sans regarder au delà des surfaces brillantes, le monde appelle distingué, accompli ; à cet esprit sans flambeau, à ce cœur sans défense, à cette concience sans règle, à ce navire sans boussole, à ce jeune conscrit sans armes, que manque-t-il donc ? Hélas, il lui manque tout.

Et, en effet, une heure vint pour Schouvaloff, heure fatale où se dressa devant lui l'inévitable question de son avenir et de ses fins dernières.

Il n'avait alors que quinze ans : quand le jeune homme est chrétien, la réponse se trouve pour lui à côté de la demande. Dieu lui a préparé dans l'enseignement de l'Église le pain de la vérité, qui est l'aliment de l'esprit, de même qu'à sa venue dans le monde il lui avait préparé l'aliment du corps dans le lait de sa Mère. Pour Schouvaloff il n'y avait pas d'Église, il n'y avait pas de Mère ; et ce que nous demandons à l'autorité des prêtres, lui, qui ne connaissait que les poètes, le demanda aux poètes. Un poète répondit, et la réponse qu'il fit fut une réponse de mort.

Il lut une pièce de Schiller où était nié le dogme si consolant d'un Dieu rémunérateur. La conséquence morale qui sort naturellement de cette négation, est celle qui d'un sceptique fait un épicurien : « Couronnons-nous de roses ! il faut jouir aujourd'hui, car nous mourrons demain. »

Sans religion, le jeune homme ne pouvait que faire naufrage au milieu des fêtes et des plaisirs qu'il rencontra, à dix-huit ans, au sortir du collège dans la brillante ville de Florence. Mais, au sein de ces félicités, Schouvaloff ne rencontra pas le bonheur.

Pour le forcer à ouvrir les yeux, Dieu lui envoya, au seuil même de sa carrière, une terrible épreuve. Sa sœur mourut après avoir embrassé le catholicisme. Le jeune homme ne comprit rien à cet avertissement du Ciel.

De retour en Russie, il reçut de l'empereur un brevet de capitaine des hussards de sa garde. La monotonie du service militaire en temps de paix n'ayant pas de quoi nourrir sa bouillante activité, Schouvaloff chercha un aliment dans le tumulte du monde. Il se maria : il avoua plus tard qu'en

Florence.

ce moment solennel, il croyait à peine en DIEU, « être mystérieux auquel je ne devais rien, disait-il, et qui n'était rien
pour moi. »

En 1825, il quitta le service et vint en France, puis passa
en Italie, où, suivant le courant des idées libérales d'alors, il
chercha, avec une légèreté et une vanité coupables, à ren-
verser ses croyances et à les détruire même dans le cœur de
ses compagnons.

Il allait tomber dans l'abîme ! il ne lui restait plus que le
malheur de s'engager dans les sociétés secrètes.

Mais DIEU se le réservait !

***

Tout autour de lui, les préoccupations religieuses étaient
vives. Une sœur de son père venait d'abjurer le schisme, à
Rome ; sa propre sœur était rentrée dans le sein de l'Église ;
bientôt après, c'est sa mère ; mais lui demeure toujours insen-
sible.

Le bonheur d'une heureuse union, celui d'une paternité
enviable, ne raniment pas chez lui le sentiment religieux. Il
y faut la douleur. C'est le moyen que la Providence tient le
plus souvent en réserve pour les heureux de ce monde.

Le comte Schouvaloff perdit d'abord un enfant. Ce fut
alors que son intelligence se posa ces questions : « Que fais-
je sur la terre ? Qu'en sera-t-il de moi après cette vie ?...» Et
son cœur se plaignait d'un vide que rien ne pouvait remplir.

Bientôt après, l'unique enfant qui lui reste est atteint d'un
mal qui inspire les plus vives alarmes. Les médecins les plus
célèbres sont appelés en consultation, mais ils se déclarent
impuissants. La comtesse Schouvaloff conçoit l'idée d'un
sacrifice héroïque : elle s'offre comme victime pour racheter
la vie de son enfant.

L'enfant est sauvé. Il faut maintenant que le prix de cette
vie soit payé. La comtesse sent s'éteindre en elle les sources
de l'existence. Elle paie pour son enfant, mais elle paie aussi

d'avance pour son mari. C'est lui, cet orgueilleux, qu'elle veut forcer de courber la tête sous les mystères qu'il s'obstine à méconnaître encore.

Elle souffre en silence et elle souffre beaucoup . . . Mystérieux et fécond apostolat que celui de la souffrance !

Schouvaloff attribue la maladie de sa femme à l'inclémence du climat, et il l'emmène à Nice, puis à Milan, puis à Venise...

Quand la jeun victieme parle de conversion, de retour à DIEU, d'abjuration : « Ce n'est pas si pressé, répond le comte, on verra plus tard. »

Cependant il avoue que le spectacle de sa chère malade le rend meilleur, et qu'en présence de cette héroïque vertu qui place sa femme, de jour en jour, plus loin de la terre et plus près des Cieux, il éprouve comme un indéfinissable remords qu'il tâche d'étouffer.

Le moment approche où il va comprendre enfin le secret providentiel des peines qui l'atteignent. Un jour, sa femme lui dit : « Je suis heureuse maintenant, tu me remercieras, tu le verras... » Le comte ne comprend rien à ces paroles ; mais le lendemain sa femme éprouve une syncope ; Schouvaloff prie à haute voix au pied de son lit ; la vertueuse épouse ne se réveillait que dans l'éternité.

Dès lors, tout change pour lui. S'agenouiller près des restes chéris de ceux qu'on a aimés, n'est-ce pas déjà un commencement de foi à l'immortalité de l'âme, à la vie future, au Ciel ? Loin de l'accabler, la douleur va le relever, son cœur va s'épanouir, tous les instincts élevés de son enfance vont reparaître.

***

Il y avait à peine quelques heures que Schouvaloff venait de recueillir le dernier souffle de sa femme. Le médecin était là encore Tout entier sous l'impression du sentiment qu'il venait d éprouver, le comte se tourna tout d'un coup vers l'homme de la science et lui demanda s'il croyait à l'immortalité.

Ce médecin était un excellent chrétien, le docteur Frazetta.

« — Oui, répondit-il, j'y crois, et, par-dessus toutes les preuves, j'en ai pour garant la parole de DIEU même. »

Puis, comme le recueillement de ce moment funèbre appelait, non une discussion, mais une consolation, Frazetta conseilla à l'infortuné Schouvaloff de lire le passage de l'Évangile de saint Jean où JÉSUS-CHRIST affirme la doctrine de la vie future ; et, dans cette intention, il lui présenta une Bible, en lui marquant le xiiie chapitre de cet Évangile. C'est l'endroit des adieux de Notre-Seigneur aux apôtres après le repas de la Cène.

Schouvaloff prit le livre : le jour, le lieu, la scène, ajoutaient leur éloquence à celle des pages sacrées. Le fils et la fille du comte, ses deux enfants orphelins, étaient à côté de lui ; dans la chambre funèbre, la dépouille de leur mère gisait non loin de là; et ce fut, pour ainsi dire, à la religieuse clarté des cierges funéraires que le père commença à lire à haute voix les paroles suivantes :

« — *Mes petits enfants, je n'ai plus que peu de temps à être auprès de vous. Vous me chercherez, mais vous ne pourrez encore me suivre là où je m'en vais.*

» Je vous fais un commandement nouveau, qui est de vous aimer les uns les autres comme je vous ai aimés. »

Dès ces premiers versets, c'était un monde nouveau qui s'ouvrait devant le comte. Il continua :

« — *Mes bien-aimés, je m'en vais vous préparer la place; c'est pour cela que je pars. Et quand je m'en serai allé, je reviendrai et je vous placerai avec moi, afin que là où je suis, vous soyez aussi.* »

Tantôt les paroles du livre semblaient s'adresser au comte en particulier :

« — *L'Esprit que je vous enverrai, c'est l'esprit de vérité, que le monde ne connaît pas, mais vous, vous le connaîtrez.* »

Tantôt la voix céleste semblait se retourner vers les enfants :

« — *Je ne vous laisserai pas orphelins ; je viendrai à vous
Que votre cœur ne se trouble point, qu'il ne craigne point. Si
vous m'aimez, vous vous réjouirez de ce que je m'en vais à
mon Père.* »

Une telle parole n'était plus une parole de la terre. Le
spectacle de la mort avait éveillé l'idée de l'immortalité ; la
lecture de l'Évangile avait donné à cette idée sa formule
divine. Schouvaloff croyait.

Puis, dans son âme, il se passa quelque chose d'analogue
dans l'ordre moral. Il avait vu la vérité, il vit aussi la vertu,
et il éprouva un vif désir de devenir meilleur.

Voilà ce que peut produire la lecture de l'Évangile. Livre
fécond entre tous ! ses paroles sont une semence. Qu'elle
tombe, cette semence, dans une âme comme celle de Schouvaloff, labourée par la souffrance, elle portera cent pour un.
Essayez dans les heures de trouble et de lutte, lisez quelques
lignes de ce livre, et laissez ensuite descendre la rosée du ciel
et les rayons du soleil; vous verrez que Dieu donnera à ce
bon grain l'accroissement, ne laissant à l'homme que le soin
de recueillir les gerbes.

La victoire était remportée; mais à quel prix, ô mon
Dieu !

Schouvaloff étudia la religion, s'instruisit en consultant des
hommes pieux et savants. Les écailles qui couvraient ses
yeux tombèrent, et il apprit à reconnaître la véritable Église
de Jésus-Christ dans l'Église romaine. L'étude, loin d'é-
loigner de Dieu, y ramène infailliblement.

Schouvaloff avait trouvé la voie qui mène à Dieu.

<center>
* *</center>

Cependant arriva l'heure de la confession, heure redoutée
et désirée, où l'on ne saurait ouvrir et guérir l'abcès sans le
faire saigner. Schouwaloff a rendu compte de ses appréhensions, puis de ses transports de joie:

« Malgré le désir que j'avais de faire ma confession, dit-il, je cherchais mille prétextes pour éloigner l'instant de cette douloureuse opération. Je sentais qu'elle était un devoir. Enfin, grâce à vous, Seigneur, qui me poussiez malgré moi, j'eus le courage de la subir ! »

Il faut laisser à Dieu le secret de cette heure ! L'âme s'est relevée, sauvée ; elle ne peut que constater sa guérison et bénir le médecin : « Je ne dirai pas, s'écrie Schouvaloff, ma honte, mon trouble, mon repentir, mes larmes, puis mes joies, joies célestes et divines ! Je me sentais léger, et pourtant je ne pouvais pas recevoir l'absolution, puisque je n'étais pas catholique... Ce n'était qu'un avant-goût... Ce n'est que depuis ma première confession catholique que je me suis senti complètement changé. »

L'abjuration du comte Schouvaloff eut lieu le 6 janvier 1843, jour de la vocation des Gentils, dans la chapelle du couvent des Oiseaux à Paris, entre les mains du P. de Ravignan et en présence de Madame Swetchine et du prince Théodore Galitzin, les confidents de ses combats.

Dès lors, il ne vécut plus que pour le bonheur de ses deux enfants.

Son fils, Pierre, lui donnait de grandes espérances, mais sa fille, Hélène, souffrait depuis dix ans d'une maladie de langueur que son père lui apprenait à supporter avec résignation.

La douleur suivait ainsi toujours les pas de Schouvaloff, tant il est vrai que Dieu éprouve ceux qu'il aime ; mais cette douleur hâtait ses pas vers les choses éternelles.

En attendant qu'il pût se donner plus complètement à Dieu, il cherchait à ramener à la foi catholique ses proches et ses amis... Son zèle réussit au gré de ses désirs : sa nature enthousiaste était faite surtout pour entraîner la jeunesse.

Le P. Prantoni raconte que souvent, dès avant le lever du jour, il voyait arriver à la chapelle de son collège quelque jeune inconnu, que Schouvaloff le priait d'entendre en confession.

« — Mon Père, disait-il naïvement au religieux, donnez-lui l'absolution ; il faut la lui donner, je la lui ai promise.

» — Soyez tranquille, mon ami, lui répondait le Père, le prêtre ne peut refuser l'absolution à qui lui apporte le repentir. »

Durant la confession, le comte entr'ouvrait la porte de la petite chapelle et faisait signe au prêtre d'absoudre le pénitent. Lorsque celui-ci sortait, c'était entre ses bras que le comte le recevait.

« — Êtes-vous heureux ? demandait-il. Oh ! combien je suis heureux, mon ami, pour vous ! »

Enfin Schouvaloff vit approcher le moment où ses vœux les plus intimes allaient pouvoir se réaliser. Ses deux enfants étant très avantageusement mariés, il s'enrôla parmi les clercs réguliers de Saint-Paul, autrement dits Barnabites.

C'est là qu'il se sanctifia, c'est là qu'il devint prêtre, c'est là qu'il travailla et qu'il pria pour la conversion de ses compatriotes, c'est là que, trois fois chaque jour, sur l'invitation de Pie IX, il fait à Dieu le sacrifice de sa vie, pour le salut de la Russie et celui de sa famille.

Dieu agréa son offrande.

Il y avait à peine deux ans que le comte Schouvaloff, ancien officier aux hussards de la garde impériale de Russie, était devenu le P. Schouvaloff, prêtre Barnabite, quand il s'est endormi dans la paix du Seigneur, à l'âge de cinquante-cinq ans.

**

Le bon Père est mort à Paris.

Vers la fin de sa vie, le P. Schouvaloff sortit un jour de son couvent pour aller accomplir une œuvre de charité. Dans la rue, il croit reconnaître un de ses anciens camarades. Celui qu'il regardait ainsi croyait reconnaître également la physionomie de ce religieux : « Comme il ressemble au comte Schouvaloff ! » se disait-il.

Or, c'était lui-même qui abordait M. Émile Deschamps, lequel le reconnaissait à sa voix, et s'en faisait reconnaître à l'accent de sa muse.

Ils s'embrassèrent avec effusion, et ils jurèrent de se retrouver.

« — Où nous verrons-nous ? demande le poète.

» — Samedi prochain, à midi précis, répond le P. Schouvaloff, à mon couvent, rue de Monsieur. J'y suis très invisible et très occupé, mais vous me joindrez sûrement avec cette lettre. »

Et il écrivit sur une feuille de papier :

« Le samedi.... 1859, à midi précis, quoi que je fasse, laissez entrer M. Émile Deschamps.

» P. Schouvaloff. »

Le samedi suivant, quelques minutes avant midi, le poète sonnait, rue de Monsieur, à la porte du couvent. Il se croise dans le parloir avec le docteur Cruveilhier, qui disait au Frère concierge : « L'état est désespéré ; il est inutile que je revienne. »

« C'est quelque moine qui retourne au Ciel, » se dit M. Émile Deschamps.

Et il demanda le P. Schouvaloff, en présentant son autorisation : « Quoi que je fasse, laissez entrer, etc. »

Le Frère pâlit et se trouble. « Monsieur, répond-il tout en larmes, montez, puisque le Père l'a voulu... Ce qu'il fait en ce moment, c'est se mourir. »

L'ancien ami en est profondément ému... Il se remet toutefois, veut douter encore, et pénètre dans la chambre du moribond.

Ce n'est que trop vrai ! Le P. Schouvaloff, dans la force de l'âge, plein de vie et d'ardeur et de charmants souvenirs trois jours plus tôt, allait rendre à Dieu sa belle âme.

Il était allé prêcher en province : il avait eu chaud, et avait pris une fluxion de poitrine.

Tous les Barnabites, à genoux autour de son lit, achevaient les prières des agonisants, auxquelles il répondait de son dernier souffle.

Il aperçoit et reconnaît M. Émile Deschamps. Il l'appelle

du geste, lui prend la main et lui dit, du regard plus que de la parole, en montrant la pendule qui va sonner midi : « Vous avez été exact au rendez-vous, merci, et au revoir là-haut... »

Le timbre frappe douze coups, et l'âme du P. Schouvaloff s'exhale à la dernière vibration...

Le lendemain, tout Paris apprenait et admirait cette touchante histoire, et se disputait le magnifique volume qui venait de paraître sous ce titre : *Ma Conversion et ma Vocation.*

RENAISSANCE CATHOLIQUE
EN ANGLETERRE.

LE « Tablet », à l'occasion du cinquantième anniversaire de sa fondation, résume cette renaissance dans quelques pages d'un vif intérêt. C'est d'abord une série de noms plus ou moins illustres, qui révèle à l'esprit observateur une somme merveilleuse de sacrifices héroïques, de brisements intimes, de renoncement aux joies, aux honneurs, à tout ce qui fait le charme naturel de la vie.

Dès 1845, la conversion du cardinal NEWMAN, un des chefs les plus éclairés du protestantisme, jeta les ministres de la Réforme dans la consternation. C'était une des pierrres fondamentales qui se détachait de l'Église anglicane. Jusque-là Rome avait fait des recrues, elle en avait fait à l'ombre du gibet de Tyburn, sous le règne d'Élisabeth ; et, depuis, elle avait vu venir, à travers tous les supplices de la persécution, des âmes d'une générosité et d'un héroïsme admirables. Mais ce mouvement paraît bien obscur et bien lent quand on le compare à la magnifique expansion dont la conversion de Newman donna le signal.

Le P. FABER, fondateur de l'Oratoire, le suit de près pour devenir, à son tour, un foyer de vie catholique, dont les bienfaits ne se comptent plus.

C'est ensuite le cardinal MANNING qui, renonçant au plus brillant avenir dans l'Église de sa naissance, a conquis une célébrité incomparable sur tous ses compatriotes par l'ascendant de son génie et de ses vertus. Son beau-frère Wilberforce et le brillant avocat Hopescott le suivirent dans sa conversion. A cette nouvelle, Gladstone s'écria qu'il lui semblait avoir perdu ses deux yeux.

Lord RIPON, vice-roi des Indes, le marquis de BUTE, les marquises de LONDONDERRY, DE LOTHIAN, lady GEORGINA FULLERTON continuent cette liste, où l'on voit paraître les noms les plus brillants de l'Angleterre. Nelson y compte trois petit-fils ; les seuls descendants directs de Walter Scott y sont

à côté de la petite-fille de lord Byron et de la sœur de Gladstone ; la famille royale même n'y est pas étrangère.

Après les personnes, les œuvres.

Quand, vers 1834, un gentilhomme catholique, M. Tun-
stall, bâtit une chapelle catholique, ce fut un événement qui
défraya la presse durant plusieurs années. C'était la race des

Lord Ripon.

proscrits qui levait enfin la tête. Le temps des catacombes
était passé. Aujourd'hui, sur tous les points de l'Angleterre,
de magnifiques églises dressent leurs clochers vers le ciel. On
les compte, non plus par centaines, mais par milliers.

Il y a cinquante ans, l'Angleterre n'avait que 551 prêtres,
et aujourd'hui ils sont près de 3.000.

Il y a cinquante ans, l'Écosse ne possédait qu'un couvent, l'Angleterre n'en avait pas 20; aujourd'hui les deux royaumes se sont enrichis de plus de 600 couvents d'hommes et de femmes. Les écoles et les collèges catholiques se sont multipliés dans la même proportion. Depuis cinquante ans, le nombre des catholiques a plus que doublé; on en comptait 800.000 en 1841; leur chiffre, à l'heure actuelle, atteint presque le second million.

D'autres transformations s'opèrent dans le peuple anglais. Les préjugés disparaissent, les barrières tombent, les catholiques, jadis honnis et méprisés, ont une place au soleil, et prennent une part active et importante à la vie publique de de leur pays.

Hier encore, Mme la comtesse Clotilde de Hamel de Manin faisait son abjuration à Londres, dans l'église des PP. Jésuites. Après sept ou huit entretiens avec le P. Golsway, S. J., ce pieux et savant controversiste avait la joie de ramener cette âme, déjà pressée par la grâce jusque dans les profondeurs les plus intimes de son être.

Le P. Golsway peut louer Dieu de la fécondité donnée à son ministère. C'est lui qui eut le bonheur de recevoir les abjurations de deux convertis qui ont le plus travaillé au retour de leur patrie : les docteurs Newman et Manning. L'Université d'Oxford en était fière jadis; ils se nomment aujourd'hui le cardinal Manning et le cardinal Newman !

CONVERSIONS NOMBREUSES.

L'*UNIVERS*, numéro du 29 avril 1890, contenait l'article suivant :

« Le *Galignani*, citant un journal protestant qu'il ne désigne pas, publie ce paragraphe :

« Une vraie vague de « sécession » semble passer sur les
» eaux troublées de l'anglicanisme. L'autre jour encore, le
» R. C. W. Townsend, le principal de la mission de l'Uni-
» versité d'Oxford à Calcutta, suivait l'exemple du R. Luke
» Rivington, le chef d'une mission semblable à Bombay, et
» se soumettait à l'Église catholique ; et aujourd'hui on
» annonce que le R. William Tatlock, le R. Beasley, le R.
» George Clarke, naguère attachés à des paroisses ritualistes,
» telles que Christ church (Clapham), Hemsley (Yorkshire)
» et Saint-James the Less (Liverpool), ont été « reçus ».

» En outre, depuis le commencement du Carême, il n'y
» a pas moins de cent membres de l'Église anglicane qui
» soient entrés dans la communion catholique dans une
» seule paroisse du nord de Londres ; et à Brighton, qui est
» toujours un centre d'activité ritualiste, on évalue le chiffre
» des convertis à 500. Les Rédemptoristes de Clapham
» (dont le monastère, entre parenthèses, est dans la maison
» même où fut fondée la Société britannique et étrangère de
» la Bible) ont pour leur compte enrôlé dans l'Église plus
» de 1.000 personnes. »

» Ces détails confirment, on le voit, dans une grande mesure, ce qu'on dit du mouvement croissant des conversions
en Angleterre. Récemment, dans une réunion, un journaliste
anglais protestant, causant avec un écrivain catholique
français, lui disait : « L'Angleterre est absurde. Elle ne veut
» pas être catholique, et elle ne peut plus être protestante.
» Qu'elle se fasse donc catholique. Je ne demande pas
» mieux, elle deviendra plus gaie, au moins. »

» Le mot, dont nous pouvons garantir l'authenticité, nous
semble curieux à noter. Il indique bien l'esprit d'un grand

nombre de membres des classes dirigeantes et lettrées en Angleterre. Placées entre la tristesse de l'erreur et l'attrait croissant de la vérité, elles semblent cependant assez éloignées du jour de la conversion en masse. Mais les désertions commencent à avoir lieu par groupes. Et les courageux « déserteurs » ne rencontrent guère que des sympathies.

» Il faut aussi remarquer que ces désertions se produisent toujours au lendemain des procès bruyants de l'anglicanisme officiel contre les dissidents. Les procès de l'évêque de Lincoln et de l'évêque de Londres ont certainement accentué le courant des conversions dans les paroisses de Londres. Et, comme on le voit, les religieux, les apôtres de la vérité catholique, rentrent joyeusement et à pleines mains « la blanchissante moisson. »

Rien ne peut donner une idée plus nette des progrès du catholicisme en Angleterre que ce tableau du développement de la hiérarchie depuis le commencement du siècle.

En 1800. — Angleterre 4 vic. apost. 43 prêtres.
Écosse . . 2 » 12 »

Total : 6 vic. apost. 55 prêtres.

En 1840. — Angleterre 8 vic. apost. 608 prêtres.
Écosse . . 3 » 60 »

Total : 11 vic. apost. 668 prêtres.

En 1890. — Angleterre 1 arch. 14 év. 2.340 prêtres.
Écosse. . 2 » 4 » . 329 »

Total : 3 arch. 18 év. 2.669 prêtres.

Actuellement, l'Angleterre occupe une place d'honneur dans la hiérarchie catholique ; sur son immense territoire, elle compte, dans les cinq parties du monde : vingt-deux archevêchés, quatre-vingt-dix-neuf évêchés, dix-huit vicariats et six préfectures apostoliques ; elle range sous ses lois plus de treize millions cinq cent mille catholiques.

Puissions-nous voir bientôt l'antique île des Saints revenir en masse à la foi de ses pères, dont l'ont séparée, il y a trois siècles, la passion adultère d'Henri VIII et la politique haineuse d'Élisabeth ! Avec le développement de son immense puissance coloniale, la conversion de l'Angleterre amènerait rapidement l'évangélisation du monde entier.

TABLE DES MATIÈRES.

IMPRIMATUR.

Cameraci, 31 Januarii 1891.

A. SUDRE,

P. C. M. SUPERIOR, V. G.

www.ingramcontent.com/pod-product-compliance
Lightning Source LLC
Chambersburg PA
CBHW070415090426
42733CB00009B/1672